なぜ妻は、夫のやることなすこと気に食わないのか

アン妻と共生するための15の戦略

石蔵文信

GS
幻冬舎新書
354

はじめに

週刊ポストの特集で、『壮絶「家事ハラスメント」大戦争』という記事があった。夫が食器洗いや洗濯物をたたみ終えた後などに、「洗い残しがある！」「服がしわになってる。でも、私が頼んだのが悪かったのよね」などと妻がキツい言葉でダメ出しをしたりすることを「妻の家事ハラ」と呼ぶらしい。皆さんも、家事を終えたあとに手ひどい言葉をかけられた経験があるのではないだろうか。

私は最近、『夫源病』や『妻の病気の9割は夫がつくる』などの著書を出版し、世の男性の皆さまから大変顰蹙《ひんしゅく》を買っている。

実は、私は2001年より男性更年期外来を開設し、これまで600名以上の男性の相談に乗ってきた。なので、家庭を持った男性の苦労や仕事のストレスなど、現代の日本人男性たちの大変さや生きづらさは、重々承知している。本来は男性の味方なのだが、男性を支える妻の苦労について書いた本のほうがよく売れたために、残念ながら、男性の敵」と見なされてしまったようだ。

夫たちは本当に大変な思いをして、妻子を養ってきたはずである。そんな夫を小馬鹿にしたような「夫源病（夫の言動や存在そのものが大きなストレスとなり、妻の心身にさまざまな不調が現れる病気）」が、男性にとって不愉快なのは十分理解できる。

しかし、がんばって築いてきた家庭は、果たして理想の状態なのだろうか？　妻との関係は冷え込み、子どもは父親を尊敬しないばかりか、意思の疎通すらない。このまま、子どもが巣立って夫婦二人きりの生活に戻った時、定年後の生活を楽しく心豊かに送ることができるのだろうか？

はっきり言って、本書は、愛情を確かめ合うとか再認識するとかの方法をまとめたものではない。ある調査によると、なんと妻の7〜8割が夫に対する愛情を失っているのだから、今さら愛情を取り戻す算段をしても遅いだろう。

多くの夫婦を見てきた私の経験では、愛情をなくした妻も「夫への情」はかろうじてキープしているようだ。夫も30年連れ添えば、別れるのは忍びない。それが夫婦の情というものだ。その情をうまく利用して、仕事と同様に割り切って家庭内マネジメントをすればよいのではないだろうか。

妻の行動や不平不満が理解できない夫は多い。「自分としてはずいぶん努力しているのに、妻からはあまり感謝もされないし、文句を言われることのほうが多い。明らかに夫婦関係は良くなっていない」と感じている方もいるのではないだろうか。まず、これが解明できないと良好な夫婦関係は築けない。そのためには、まず敵を知ることが大切である。

中高年男性の大半は、心の奥ではひそかに「どうもこのままではまずい」と感じているのではないだろうか。仕事場は戦場でも、家庭が癒しの場として機能していればよいが、家庭が「第二の戦場」と化していては、老後は大変である。

仕事のマネジメントは完璧でも、家庭内のマネジメントができないのはなぜか。家庭では、「妻は何でも理解してくれる」と思い込み、ビジネスの場では出ない「甘え」があるのではないだろうか？

「男は余計なことはしゃべらず、黙っているのがいい」「妻は何も言わなくとも自分を理解してくれる」などの幻想に惑わされて、家庭内のマネジメントが機能しなくなっているのだ。**異性はエイリアンと人間くらいの違いがあり、黙っていても信頼関係が築けるといった考えは捨てたほうがよい。**

気に入らなかったら「離婚」という手もあろうが、そんな生易しい問題ではない。当然、金銭的な問題に発展するし、最近では子どもを夫に押しつけて出ていくという妻も珍しくはない。

そんな事態に陥ってしまうと、生活そのものが破綻《はたん》する。

結婚は、20歳頃に男性・女性ホルモンがバンバン放出され、少し気がおかしくなっている時に決断してしまいがちだ。冷静になってみると、後々の苦労を考えてみれば男も女も結婚して得になることは少ない。

それでも、子どもができたりして世間一般の苦労をともにしながら乗り越えるものである。わざわざ離婚するのもわずらわしい、でも家に帰っても居心地が悪いとお考えの方に、エイリアンの妻とのうまいつき合い方を身につけていただき、夫婦二人が「一緒にいて気が楽」な関係となるよう本書を活用していただければ幸いだ。

なぜ妻は、夫のやることなすこと気に食わないのか／目次

はじめに 3

第一章 奥さまはエイリアン 13
妻は変わり果ててしまったとお嘆きの夫の皆さんへ 14
すべての結婚は「一時の気の迷い」である 16
冷静に結婚相手を品定めしていると、婚期が遠のく 18
生活をともにすると、妻のわがままで自分勝手な本性が見えてくる 20
結婚生活とは「エイリアンとの共生」である 25
夫婦関係の改善はわが身を守るため 29

第二章 永遠に理解できない異性の思考回路 35
男性は目的がないと行動できない生き物 36
女性は事前の計画よりも、その時の気分を重視する 38
女性はなぜ美容院が好きなのか 39
「他人に弱みを見せられない」男と、「悩み事を共有したがる」女 41

女性の話はなぜ、長くなるのか 45
男は「オタク」に、女は「ファン」になる 49
男性の不器用さを女性は理解できない 52
ホステスとホストに見る、男女が異性に求める要素の違い 56
女性は生まれついての女優。赤ちゃんの頃から「空気を読む天才」である 59
別れた恋人のことをいつまでも覚えているのは男性だけ 61
女性は「長く一緒にいれば自然に情が深まる」とは限らない 62
欲求は無限大！ 女性とは計算高く狭量な生き物である 64
妻の怒り恨みは無期限有効・利子付きのポイントカード制 67
夫の怒り恨みはペナルティカード制 69
妻の「怒りのポイントカード」は、生存戦略の一環 70
生物学的に見ると、「男は弱い生き物」？ 71

第三章 エイリアン妻と共生するための15の戦略

77
妻たちは夫のどんな点に苛立ちを募らせているのか 78
夫を苦しめる妻の「復讐うつ」が急増中 83

対策1 妻の話は「聞いている」という演技が大事 86
対策2 不要なモノは捨てる。使ったモノは片づける 90
対策3 「ありがとう」「ごめんなさい」「愛してる」を言ってみる 92
対策4 ホストになりきる 96
対策5 「パパ」「ママ」ではなく、名前で呼び合う 100
対策6 妻の積年の恨みを一度は吐き出させる 101
対策7 冷蔵庫に賞味期限切れ食材を見つけたら、妻には告げず闇から闇に葬る 105
対策8 アラが見えても何も言わない 108
対策9 家事は家事道。妻のやり方を守って行う 109
対策10 自分が分担した家事は「何があっても必ずやるべき仕事」と心得る 112
対策11 プライドは捨てて、手柄は妻に譲る 113
対策12 嫁姑関係では、どんな時でも必ず妻の味方につく 116
対策13 家計は妻に任せる 118
対策14 妻が働きに出るのを応援する 120
対策15 育児は基本的に妻に任せて、家事と精神面のサポートに徹する 123
育児に参加するなら休日に完全交代して、妻に自由時間を与える 128

第四章　定年後の家庭内マネジメント　133

「定年後は、妻とのんびり過ごす」は男の理想に過ぎない　134
妻は定年後も「亭主元気で留守がいい」生活が続くことを望んでいる　136
「定年後の生きがいは配偶者」と思っているのは夫だけ　138
妻は老後、お互い干渉せず自由に過ごしたいと望んでいる　142
温泉旅行は夢見るな　144
「オシドリ夫婦」を目指すのは間違い　146
お互いの生活ペースを尊重し合う　149
家の中で夫婦それぞれ「自分だけの空間」を確保する　151
妻とは別の趣味と居場所を作ろう　155
仕事はお小遣いがもらえる最高の暇つぶし　157
男性は暇に慣れよう　159
「やること」は自分で作る　165
妻を対等な個人として扱う　167
再婚しても同じ悲劇は起こる！　170
妻を無理やり可愛いと思え　175

第五章　55歳からの「おばちゃん化」のすすめ　177
定年前に自分革命　178
おばちゃんはなぜ元気なのか　182
妻がいなくても何でもできるようにする　186
まずは料理ができるようになろう　188
料理ができれば、妻の支配下に置かれずに済む　192
「育G」のすすめ　196
孤独に耐えられる趣味を持つ　199
一人で遊ぶ　202
おばちゃんの暇のつぶし方を参考にする　204
井戸端会議ができるようになれば一人前　207
ご近所づき合いからスタートしてみる　210
モテメン(モテじい)になる　213
おわりに　220

図表作成　㈲美創

第一章

奥さまはエイリアン

妻は変わり果ててしまったとお嘆きの夫の皆さんへ

つき合っていた頃は優しかったのに、結婚したら妻が変わってしまった。自分のやることなすことが気に食わない様子で、すぐ不機嫌になったり、キレて怒り出したりする。自分も妻や家族のためにがんばっているのに、妻は自分の努力をまったく認めてくれない。どうすれば満足するのか、妻の考えていることがわからない……。そんなふうに嘆く夫は多い。

結婚後、妻は変わり果ててしまったとお嘆きの皆さんに、まず言っておきたいことがある。

実は、妻は結婚当初からまったく変わっていないのだ。

「嘘だ!」とお思いだろう。さすがに容姿は若かりし頃から変貌しているかもしれないが、その内面に秘めた乙女心はまったく変わっていないと思ったほうがよさそうだ。

実は我々男性も、若い頃の思いがあまり変わっていないことに気がつかないだろうか? 仕事で忙しく、本来の自分を押し殺して生きていくうちに、何が本心かわからなくなっているのではないだろうか? 純粋で正義感が強かった若い頃の情熱は、会社や組織防衛の名のもとに権謀術数《けんぼうじゅつすう》に明け暮れているうちに磨耗してしまい、何が正義かわからなくなってきたのかもしれない。

だが、ふとした瞬間に、若い頃の青くさい気持ちがよみがえることはないだろうか?

妻も同じで、家事や子育てに明け暮れているうちに、若い頃の思いが途切れがちになるのかもしれない。何よりも悲しいのは、その容姿が別人かと思うほど変わり果てたことである。それは初めから華やかさがなかった男と比べると、考えられないほどの落差があるので戸惑うのだ。しかし、女性の場合は中年になって外見が変貌したからといって、内面が大きく変わってくるわけではなさそうだ。

男性はその逆で、容姿の変化は女性ほど大きくないものの、社会人、夫、父親と新たな立場や役割を得るにつれて、「社会人らしくふるまわねばならない」「夫らしく、父親らしくあらねばならない」と自分に枠をはめて、内面が変化していくのかもしれない。

そう、妻の内面、気持ちは何歳になっても乙女のままなのだと思っておいたほうが、ケガが少ない。容姿が衰えたといっても、気持ちまでモンスター化しているわけではないのだ。むしろ、妻のモンスター化に拍車をかけるのは、夫の何気ない言葉や態度なのである。

私がいくら諭しても、読者の多くは「でも、わが家の妻はわがまま過ぎる」「結婚前はもっと控えめで優しかった。おばさん化して図々しくわがままになったのだ」などと反論したい気持ちを抱えているに違いない。

はっきり言おう。**女性は誰でも、生まれからズーッとわがままである。**さらに言うならば、わがままで欲張りで計算高い生き物である。

なぜ、そこに気づかずに結婚なんてしてしまったのだろうか？　それは我々男性が女性のわがままに気づかなかった、いや、そのわがままさえも「愛おしい」と思ってしまったからである。まさに「恋は盲目」で、つき合ってから結婚するまでの間は、彼女のわがままさや欲深さ、計算高さが見えなくなってしまっていたのだ。

すべての結婚は「一時の気の迷い」である

では、なぜそんな現象が起きるのか？　それはズバリ、10代後半から20代に体内で活発に作られる男性ホルモン（テストステロン）のせいである。

この年代は、動物で言う発情期である。テストステロンが過剰に分泌されるために、性欲が高まり、オスはやたらとメスを求めたがる。いわゆる「気がおかしくなる」状態に陥るのだ。

多くの動物は、この時期にメスをめぐって生死をかけて戦う。ある種のカマキリやクモなどは、メスに食い殺されることがわかっていて交尾に挑む。捕食を免れた俊敏で強運なオスだけが、2匹目のメスと交尾するチャンスを得ることができるのだ。

命を賭して交尾に挑むなんて、もはや尋常な精神ではなく、常軌を逸した行動としか思えない。

そう、求婚活動は多くのオスにとって、ホルモンなどの仕業によって常軌を逸した行動なのだ。人間も同じである。この時期に男性は、どんなわがままな女性の言動に対しても「可愛い」とか「愛おしい」などと感じてしまうのである。そして彼女に尽くし、わがままを叶えることが、自分の愛情を証明する行為であるかのごとく嬉々として女性の要求に応えてしまうのだ。

一方、女性も同様に体内で女性ホルモンがバンバン分泌されて、恋愛と結婚が人生の重大関心事になってしまう。男ウケする「愛されファッション」や「モテメイク」の研究に血道をあげて、「彼氏がいなければ人生真っ暗」とばかりに、自分が若くてきれいなうちに少しでも条件のいい男をゲットしようと必死になる。

こうして、性ホルモンのシャワーを浴びて色気づいた年頃の男女をさらに後押しするのが、恋愛中に脳内で多量に分泌されるさまざまな神経伝達物質だ。

たとえば、人は恋に落ちると、脳内で「PEA（フェニルエチルアミン）」という興奮性の神経伝達物質が多量に分泌される。PEAは別名「恋愛ホルモン」「天然の惚れ薬」とも呼ばれ、PEAが脳内で多量に分泌されると、激しく高揚した気分になり、食欲が落ちて、寝ても覚めても相手のことを思ってドキドキするような、恋に溺れた状態になる。

PEAには、同じく興奮性の神経伝達物質である「ドーパミン」の分泌を誘発する作用もある。ドーパミンは「脳内麻薬」と呼ばれるほど強い快楽と多幸感をもたらす。

恋愛感情にひたっている時やセックスで興奮している時、好奇心が働いている時や意欲的な状態になっている時などに分泌され、その対象となる行為へと人を強く駆り立てる。

性ホルモンや恋愛にまつわる脳内神経伝達物質が盛んに分泌されている間は、人は恋する相手に対して冷静な判断ができなくなってしまう。

男性は「彼女こそ僕の運命の人だ！」「すぐにでも彼女と結婚したい！」といった血迷った考えで頭の中が一杯になってしまう。女性も同様に、「この人の子どもが欲しい！」「この人とずっと一緒にいたい」「彼がいないと生きていけない！」などと、中年期では考えられないほど気がおかしくなってしまう。

すべてが性ホルモンのなせる〝神業〟である。男女ともに、このように血迷って結婚へと突き進んでしまうのだ。**よく「結婚は勢いが大切」と言われるが、この勢いを生み出してくれるのが性ホルモンなのである。**

冷静に結婚相手を品定めしていると、婚期が遠のく

だが、残念なことに、この性ホルモンのシャワーは20代後半から減ってくるため、若い頃のような一途で盲目的な恋に溺れる機会も少なくなり、人は冷静に相手を判断するようになる。

このご時世、結婚や子育てがどんなにつらく大変なものかは、誰もが知っている。結婚相手

としてふさわしいか、冷静に品定めをするうちに婚期が遠のいていく。性ホルモンの分泌量も減って「わけのわからないパッション（熱情）」に駆り立てられることがなくなるため、さらに婚期が遠のく悪循環に陥る。たとえ結婚しても、晩婚の夫婦は不妊に悩まされる可能性が高くなる。性ホルモンが盛んに分泌されている時期は、男女ともに生殖能力のピークにあたるからだ。

特に女性の場合、個人差はあるが、一般的に35歳を過ぎると妊娠率が低下し流産率は上昇する。妊娠・出産の成功率がもっとも高いうちに男女が夫婦になれるよう、絶妙なタイミングで性ホルモンが分泌されているのだ。

性ホルモンがバンバン出ている間に結婚という制度に突き進まないと、婚期は遠のく。活発な性ホルモンのおかげで盲目的に相手を求めるので、異性の欠点などはまったく気にならない。だから結婚という制度が成り立ち、子孫が繁栄するのである。

さらに現代の婚姻形態は、一夫一婦制が基本である。できるだけ多くのメスと交尾をして、自分の遺伝子を広くばらまきたいオスの生理から言えば、一夫一婦制はオスの本能や生理に反した制度ではある。

女性にとっても、一夫一婦制は一人の夫に「自分と子どもの面倒を一生みてもらえる」メリットがある反面、自分が選んだ夫が生活能力のないダメ男だった場合、その目論見は崩れ去ってしまう。

また、結婚後にオスとして夫よりも優秀な男性に出会った場合は、より優れた遺伝子を引き継いだ子どもを産めるチャンスを逃してしまうことになる。

しかし、ある種のオットセイのように1匹の強いオスが多くのメスを独占しようとすると無用な争いが起きるうえ、争いに敗れたオスは自分の子孫を残すチャンスを奪われてしまう。

かといって、チンパンジーのような乱婚制は、群れで子育てをする動物はともかく、人間の場合は社会の秩序が乱れてしまう。生物界にあって一夫一婦制は極めて不自然な制度ではあるが、すべての男女に子孫を残すチャンスを平等に与え、なおかつ社会を安定的に維持するためには致し方ない。

生活をともにすると、妻のわがままで自分勝手な本性が見えてくる

こんな無理がある制度の下で、夫婦関係がギクシャクするのはあたりまえである。

「恋愛ホルモン」と呼ばれるＰＥＡや、ドーパミンなど恋愛中に盛んに分泌される脳内の神経伝達物質は、一般に同じ相手に対しては3〜4年で分泌量が減少していく。

結婚生活が始まり、恋の魔法が解けるとともにお互いに冷静さを取り戻し、結婚前には見えなかった相手の本性が見えてくる。「まさか、こんな人とは思わなかった」と愕然《がくぜん》とするので

ある。

結婚前の交際期間が長く、「この人とだったら生活を一生ともにしてもいい」と相手を十分に見極めたと思って結婚した場合や、「いい年だからそろそろ結婚しようか」と恋の熱情が冷めてから結婚した場合も例外ではない。結婚すれば、もっとお互いに理解が深まって穏やかで安定した家庭が築けると思いきや、自分の理解の範疇を超えた相手の言動に驚き、失望することになるのだ。


結婚後、夫たちの多くが戸惑い、翻弄される妻の言動が、「その場その場で言うことや気持ちがコロコロ変わる」のと、「とんでもない方向へ結論が飛躍する」ことだろう。

よくある夫婦のいざこざが、「帰るコール」を巡る諍《いさか》いだ。

あなたにも、こんな経験はないだろうか？　残業やつき合いの飲み会などで帰りが遅くなると、「夕飯を作って『いつ帰ってくるのか』と待っている私の身にもなって！」「トイレに立ったついでに電話かメールで一本連絡すれば済む話なのに、その時間もないの？」と怒られる。

反省して翌日、早めに帰宅すると、「今日は外食で簡単に夕飯を済まそうと思ったのに、あなたが早く帰ってくると言うからご飯を用意した」と面倒くさそうな顔をされる。

あるいは予定が見えず、「これから打ち合わせで、終わった後に会食するかもしれない」「会食はなくなったから、家でご飯を食べると思う」などと状況が変わるたびに随時連絡をすると、「いちいち連絡されてもうざい」と迷惑そうな顔をする。

遅い時間に夕飯の支度をさせるのは申し訳ない、と妻に気遣いして外食で済ませた日に限って、「今晩はあなたの好物を作ってあげたのに」「あなたが家で食べないから、食材が余ってしまった」などと嫌みを言われる。

結局、早く帰ろうが遅く帰ろうが、帰るコールをしようがしまいが、その日の虫の居所次第で妻は不機嫌になるのだ。夫にしてみれば、どうすればいいかわからない。

とんでもない方向へ結論が飛躍してしまうのも、夫にとってはつらい。「結局あなたって、そういう人なのね」「私や子どものことなんて、どうでもいいと思ってるでしょ?」「少しでも大事に思っているなら、そんなことをしたり、そんな言葉が出てきたりするはずがない」「責任感もなければ、思いやりのかけらもない」などと、「結婚生活の被害者は私よ!」と言わんばかりの不平不満を妻は平気でぶつけてくる。

夫にしてみれば、妻の頭の中は完全にブラックボックスで、どんな理由や論理の末にそんな極端な結論が出てくるのか、まったく理解できない。

しかも、そのきっかけが、休日にリビングでテレビを見ながらゴロゴロしていたり、ゴミ出し当番をうっかり忘れてしまったり、あるいは何気なく「お風呂わいてるかな？」「歯磨き粉はどこにしまってある？」と妻に尋ねたり、忙しそうに妻が家事をしている姿を見て善意で「手伝おうか？」と申し出た時など、日常のごくささいな出来事だったりする。

そのほとんどは、夫にとっては特別な悪意があるわけではなく、何気なく聞いた一言や、半ば無意識のうちにやっているようなことばかりだ。妻の怒りを爆発させる地雷がどこに埋まっているのかわからないことと、妻の怒りの地雷がどのタイミングで暴発するかわからないことが夫をますます困惑させることになる。

こうしたことが続くと夫は次第に疲弊し、「妻とは何てわがままで自分勝手な生き物なのか」「妻の考えていることがわからない」と嘆くことになる。

それでも、結婚間もない頃は、妻の期待や要望に何とか応えようと夫も必死で努力する。しかし、いくら努力を重ねても妻はがんばっている夫を褒めてくれるどころか要望はエスカレートする一方だ。夫に合わせて歩み寄ってくれる気配もないので、夫はだんだんうんざりしてくる。

しかも、中年になると性ホルモンが減り冷静になるとともに、お互いの容姿が変貌する。

そうなると、かつては愛おしいと思えていた妻のわがままも、次第に憎らしくうっとうしく感じられるようになっていくのは自然の流れである。妻の内面（心）はちっとも変わっていいないが、我々夫がそれを許せなくなっているだけだと考えたほうが気が楽だ。

つき合っていた頃や、新婚当初のことをよく思い出してほしい。「私と仕事、どっちが大事なの？」と甘えた顔で問いかけてきた若かりし頃の妻と、「私や子どものことを全然大事にしてくれない！」と鬼の形相で怒る現在の妻が訴えていることは、本質的には同じなのだ。

若い頃は「そんなに俺のことが好きなのか」「俺がいないとダメなんだな」などと思えた妻のわがままが、中年になると「いい年なんだから、もうそんなことは言わないでくれ」「夫としての務めを精一杯果たしているのに『全然大事にしてくれない！』と言うのは、あまりにひどい言い分だろう」と、怒りを覚えるのである。

我々夫たちが妻に求めることは、そう多くない。ひと昔前の亭主関白な夫のように、料理や家事を常に完璧にこなせとは言わない。帰宅したら三つ指ついて出迎えてくれなくてもかまわない。年齢とともに体型がおばさん化したり、メイクやファッションがおざなりになっても目をつぶる。独身時代は結婚生活に高い理想や夢を描いていた男性も、現実と折り合いをつけながら、さまざまな点で妻に譲歩を重ねてきたはずだ。

夫が妻や家庭に望むことは、ただ一つ。家が、心からくつろげる場であることではないだろうか。仕事でクタクタに疲れて帰っても、妻や子どもの笑顔を見るとホッとする。家族と心安らかに団らんを楽しみ、リラックスして、明日への英気を養う。ほとんどの男性は、そんな温かな家庭を築きたいと願い、結婚したことだろう。

家庭が夫にとって温かで心休まる場であるためには、少なくとも妻にはいつも機嫌良くいてもらわねばならない。ところが現実の家庭は、妻がいつもイライラして不機嫌で、妻の怒りや不満を爆発させる地雷がどこに埋まっているかわからない。職場は戦場、家庭は地雷原という生活では、夫は24時間、気が休まる暇がない。これでは男性があまりにも哀れではないか。

結婚生活とは「エイリアンとの共生」である

「では、どうしろというのだ！」と思われるだろうが、**私の結論は「あきらめなさい」である。**

あなたは結婚する時、妻やその両親に向かって「あなたを（娘さんを）一生幸せにします」「一生大事にするから、結婚してください」などと言わなかっただろうか？　きっと気がおかしくなっているので、言ったはずである。

その誓いの言葉は、あなたを一生縛る〝呪いの言葉〟だ。「一生幸せにする」と言ったら最後、死ぬまで呪いは解けないと思ったほうが気が楽だろう。

無駄な抵抗をして、苦労して離婚し、また別の女性と再婚しても、結局は同じ苦しみを味わうだけ。

はっきり言おう。すべての女性はわがままである。男性に選択肢はない。

「こんなつらい結婚に何の意味があるのか」とお思いの方もおられるだろう。

生物の本能である「子孫を残す」という行動は、結婚することで遂行できる確率が上がる。自分の遺伝子が次の世代に残り、うまくいくと孫まで授かる。自分の遺伝子が残せたら結婚は上出来と思って、結婚生活を維持するほうが得策ではないだろうか?

もう一度、断言する。女性のわがままは先天的で、普遍的なものである。「一生幸せにする」という呪いの言葉を口にした瞬間から、あなたの不幸は始まっているのである。

あなたには逃げ場がない。妻の行動は理解できない。あたりまえである。男と女は、人間とエイリアンほど思考や行動がかけ離れているのだから。別の生き物ならば、お互いにわかり合うことは到底不可能である。


奥さまはもともとエイリアンであるから、お互いに理解しようとするのはかなり困難だということは前述の通りだが、「若い時はわかり合えていた」とおっしゃる方もいるだろう。若い時にわかり合えたと思うのは、ホルモンのいたずらである。性ホルモンがバンバン分泌されていて、まさに盲目だったからに過ぎない。

あたりまえだが、妻からすると夫もエイリアンである。妻もあなたと同じように「なぜあの時、血迷って結婚なんてしてしまったのだろう」と後悔しているだろうし、「夫の考えていることはわけがわからない」と理解に苦しんでいるはずだ。

結婚生活とは「エイリアンとの共生」である。下手に戦うと食い殺されてしまうし、無駄に抵抗しても消耗するだけだ。エイリアンと戦うのは無謀なので、結婚生活をできるだけ楽にする方法を考えたほうが得策ではないだろうか？

読者の皆さんの多くは、何とか妻と仲良くしたい、円満な家庭を築きたいと願い、さまざまな努力をすでに重ねていることだろう。だが残念なことに、その努力の方向が間違っていたり、妻や家族にとってよかれと思ってやっていることが、かえって妻の怒りや不満を募らせる結果になっていたりしているケースが往々にしてある。

ビジネスの世界では、結果がすべてである。いくら努力しても、成果につながらなければ意味がない。読者の皆さんも、仕事では望む成果を得るために目標を設定し、現状を分析して問題点や課題を抽出し、目標達成のために効果的な戦略やアプローチを考えて実行する、ということをくり返しているだろう。

わがままなクライアントや不条理な会社の掟に対しても、理性的に自分の中で折り合いをつけながら、合理的かつ柔軟に対処しているはずだ。

では、なぜ同じことを夫婦関係や家庭内のマネジメントにも応用できないのだろう？「エイリアンとの共生」である結婚生活を平和に続けていくには、我々夫たちにも武器が必要だ。日頃ビジネスの現場で鍛え上げてきたマネジメント感覚が、男にとっては心強い武器となる。

本書の目標は、「持続可能な夫婦関係の再構築」だ。お互いできるだけ嫌な思いをせずに、長く一緒に暮らしていけるように、夫婦関係を今よりも少しでもましなものにしていくことが最大のテーマなのだ。

先に述べた通り、結婚当初の〝愛情〟は、ホルモンの仕業による〝幻覚〟に過ぎない。幻覚から醒めれば、お互いエイリアン同士の男と女が一つ屋根の下で暮らす日々が待っている。生活のさまざまな場面で、自分の理解を超えた相手の言動に怒りや不平不満を覚えたり、双方の意見が対立したりするのは当然のことだ。

なぜ、妻が自分の思い通りにならないのか、なぜ妻は自分のことをわかってくれないのかと思えば腹が立つし、精神的ストレスがたまる一方だ。どうしようもないことに関しては、潔くあきらめよう。あきらめは撤退ではない。現状を受け入れて、前へ進む第一歩なのだ。あきらめれば、無駄に腹が立つことも少なくなる。

そのうえで、妻をむやみに怒らせたり、不平不満をため込ませないようにするうまいつき合い方を考え、実践するのだ。ひいてはそれが、自分の精神の平穏につながるはずだ。

お互いエイリアン同士とはいえ、夫婦が平和に共生できる方法はある。本書では、私自身が30年以上にわたる結婚生活から学んだ知恵や、男性更年期外来でカウンセリングや治療にあたってきた600人以上の夫婦の実例などを元に、夫婦が平和に共生するために我々夫たちがとるべき戦略と戦術について考えていきたいと思う。

夫婦関係の改善はわが身を守るため

ここまで本書を読んでくれた夫の皆さんは、かなり暗澹《あんたん》たる気分になっていることだろう。妻のわがままは一生直らない。妻は夫のやることなすこと気に食わず、怒りや不平不満をため込んでいる。

妻のご機嫌を取るために、そして離婚などの危機を回避するために、夫婦関係の改善に取り組まなければいけないのか。自分だけが努力しなければいけないなんて、割に合わない。そんなふうに感じている人も多いかもしれない。

夫に対する妻の不満やストレスを放置しておくと、どんな事態を招くことになるのか、なぜ夫の側から夫婦関係の見直しと改善を図らなければいけないのかについて、ここで少し説明しておきたい。

私の男性更年期外来を訪れる患者さんの大半は、50〜60代の中高年男性だ。一般に更年期障害や自律神経失調症の一言で片づけられてしまいがちな原因不明の体調不良に悩まされている人や、うつ病や不安障害に代表されるメンタル疾患に苦しむ患者さんが多くを占めている。

これらの病気の発症・悪化には、ストレスなど精神的な要因が大きく関わっているため、病状のヒアリングや治療のサポートのため、必ず夫婦一緒に受診していただいている。

男性患者さんたちの治療にあたるうちに、私は彼らの妻にも夫と同様の心身の不調に苦しんでいる人が多いことに気づいた。

男性の場合は仕事が主なストレス要因となっているケースが大半だが、女性の場合は家庭のストレス、とりわけ夫の存在そのものが大きなストレスとなり、心身の不調につながっていることがわかった。

事実、夫に抱いている不平不満をすべて吐き出してもらい、夫婦間のコミュニケーション不足を解消するカウンセリングなどを行ったりすると、妻たちの体調不良があっけないほど簡単に治っていくのだ。このような症例を数多く診てきた結果、従来は更年期障害とされてきた中年女性の体調不良の原因は、実は夫にあるのではないか、という結論に達した。そこで私はこれを「夫源病」と名づけ、２０１１年に著書で発表した。

最近では、夫源病よりもさらに深刻な「復讐うつ」とでも呼ぶべき症状が散見される。主な患者さんは、定年後の男性を夫に持つ高齢の妻たちだ。症状は、いわゆる原因不明の神経障害で、体の痛みやしびれ、頭痛、めまい、耳鳴り、動悸《どうき》など人によってさまざまな不調が現れて、起きているのもつらくて寝込んでしまう。

だが、子どもの家に滞在させるなどして夫から隔離すると、これらの症状が嘘のように消える。夫に対する積年の恨みが、体の症状となって現れているのだ。もう夫と一緒にいたくない、夫のために何かしてあげるのが苦痛でたまらないという思いが、体が動かずに寝込んでしまうほどの体調不良となって現れる。

しかし、患者さん本人たちには、その自覚がほとんどない。夫に不平不満を抱く自分の気持ちを否定してしまったり、「夫にはとことん尽くさなくてはいけない」と思い込んでいたりして、長年我慢を重ねた末にたまりにたまったストレスが、復讐うつの形で爆発しているのだ。

夫源病も復讐うつも、いわゆる良妻賢母タイプの妻や、夫に対する怒りや不満を表に出すことが苦手な妻が特に危ない。ぐうたらで何事にもいい加減な妻や、「あんたみたいな夫だと、私も夫源病になってしまうわ！」などと面と向かって夫を罵倒できるような妻は、自分のストレスを適度に発散できるので、夫婦げんかは絶えないかもしれないが、心や体を病んでしまうほど深刻な事態に発展することは少ない。

夫婦関係の見直しや改善が必要な第一の理由は、夫源病や復讐うつを予防し、妻にずっと元気でいてもらうためだ。だが、**真の理由と目的は、我々夫たちが家庭で心穏やかに過ごせるような環境を整えること**にある。

妻がいつも不機嫌でろくに会話もなく、家族から邪魔者扱いされているような感じがする家には、誰だって長くはいたくないだろう。

家に自分の居場所がないため、必要もないのについ残業したり、まっすぐ家に帰るのが嫌で終業後どこかで時間をつぶしたり、深夜まで飲み屋をはしごしてしまうような人たちを「帰宅困難症」と呼ぶ。

「忙しくて家には寝に帰るだけだよ」などとうそぶいている男性が、実は帰宅困難症ということは珍しくない。家にいる時間を極力少なくすることで、妻や家族との接触を避けているのだ。だが、逃げてばかりいては事態はますます悪化する。誰だって、結婚した当初は心やすらぐ家庭を築きたいと思っていたはずだ。

せっかく苦労して手にいれた家庭が、居づらくてストレスがたまる場所では、あまりにも報われない。現役の間は、仕事を理由に家庭の外に逃げ場所を見つけられるかもしれないが、定年退職後はそうもいかない。家で過ごす時間が長くなり、子どもが独立してしまえば、妻と二人きりの生活が待っている。

第四章でも詳しく説明するが、リタイア後の男性の人生には「定年後うつ病」など、さまざまな落とし穴が待ち構えている。定年後の人生の危機をうまく乗り越えるには、やはり妻のサポートが必要だ。

結婚生活は先が長い。今、夫婦関係の改善に取り組まなければ妻の怒りと不平不満はたまる一方で、夫婦仲は悪化の一途をたどることになるだろう。だが、たとえ結婚当初の愛情は消え失せてしまったとしても、お互い情が残っている間は、まだまだ修復の余地はある。夫婦関係の見直しと改善に取り組むのは、妻のご機嫌を取るためではない。

実際、夫源病や復讐うつで夫を殺してしまったという深刻な事件も起きている。妻の怒りや恨みを甘く見てはいけない。わが身を守り、人生の後半を心穏やかに幸せに過ごすために、元気のあるうちから少しずつでも意識してほしい。

次の章では、男と女の考え方や価値観の違いについて見ていこう。

離婚の理由としてよく挙がる言葉が「価値観の違い」「性格の不一致」だ。だが、本章の冒頭で述べた通り、同じ人間とはいえ、男と女はお互い人間とエイリアンくらい思考の違いがある。夫婦間で価値観や性格が一致するなんて、ありえない。

もともと考え方や価値観、性格が違う二人が、ぶつかりながら相手を理解し合い、歩み寄って生きていくのが結婚生活というものではないだろうか。

「価値観の違い」や「性格の不一致」を理由に離婚するのは、相手を理解したり歩み寄ったりする努力を、この人とはもう続けたくない、という意味に過ぎない。つまり、**その労をかけたくないと思うほど、相手に対する情すらも消え失せてしまったから、離婚に至る**のだ。

「妻とはこういう生き物なのだ」と知ることで、妻が不機嫌になる理由がわかったり、「男と女は別種の生き物だから仕方がない」とほどよくあきらめがついて、妻に対する怒りや不満のレベルが少し下がるかもしれない。

考え方や価値観は人それぞれだが、男性にありがちな考え方・女性にありがちな考え方、という性別による考え方の違いはある。また、男と女それぞれが持つ「生き物としての特性」を知ることで、夫婦間の価値観のギャップを理解する一助になるはずだ。

第二章　永遠に理解できない異性の思考回路

男性は目的がないと行動できない生き物

デパートやショッピングセンターなどで、フロアの隅にある椅子にぐったりと疲れた様子で座り込んでいる男性をよく見かける。

妻や恋人から「もう少しお店を見てくるから、あなたここで待っていて」と言われたのだろう。足元にショッピングバッグを置いて荷物の番をしながら、彼女が戻ってくるのをぼんやりと待っているのだ。中には長時間待たされることを織り込み済みで、読書を決め込んでいる男性もいる。「女性の買い物につき合わされるのは苦手」と思っている男性は多いはずだ。女性はたいてい、ウィンドー・ショッピングが好きだ。

街をぶらぶらと歩きながら、気になるお店や商品を見かけるたびに寄り道をする。商品を手に取ったり、鏡の前で洋服を合わせてみたりして「これ、いいわねー」とは言うが、その場ですぐに商品を購入するわけでも、本気でその商品が欲しいという感じでもない。ひと通り店内を見て満足すると、またぶらぶら歩きを再開する。

途中での予定変更は日常茶飯事。洋服を探しに出かけたはずが、なぜか雑貨店でインテリア小物を物色していたりする。男性にとっては、このゴールが見えないウィンドー・ショッピングがつらい。何か欲しいものがあるのか、何を買うのか、どの店に行くのか、という目的が見えず、いつになったら帰るのかもわからない。すべては彼女の気分次第だ。だんだん「買うのか買わないのか、はっきりしてくれ！」「いつになったら終わるんだ？」とイライラしてくる。しまいにはつき合いきれなくなり、先に帰ってしまうか、前述のように椅子に座って彼女の買い物が終わるのを待つ羽目になる。

男性が買い物に出かける時は、「今日は冬物のコートを買いに行く」「今日はデジカメの新商品を探しに行く」といった具合に、目的がはっきりしている。何軒か店を回ったとしても、デザインやスペックを比較検討したり、より安い店を探したりと、行動に意味がある。そして、目的を果たしたらさっさと家に帰る。

目的もなく街をぶらぶら歩くのが楽しい、買わなくても商品を見ているだけで幸せ、という女性の心理が理解できない読者も多いのではないだろうか。

妻のウィンドー・ショッピングにつき合わされて疲弊したり、外出先で「もう疲れた。先に帰る」と言い出したりして無用な夫婦げんかを避けるには、**買い物は夫婦別行動を取るのが正解だろう**。ウィンドー・ショッピングは女性同士で楽しんでいただき、買う商品を決めた後の最終決断や支払いなどで必要があれば夫が買い物に同行する。そのほうが、お互いにイライラせずに済むはずだ。

女性は事前の計画よりも、その時の気分を重視する

「目的がないと行動できない」男性と、「ぶらぶら歩きが楽しい」女性の対立は、旅行の場面でもしばしば起こる。

あなたはどんなふうに旅行のプランを立てるだろうか？　その土地の観光名所や旧跡を調べて行きたい場所をピックアップし、できるだけ効率的に、限られた日程でなるべく多くのスポットを回ろうとスケジュールを考えるのではないだろうか。

実は私も、きっちり予定を立ててできるだけ多くの観光スポットを制覇したいと考えるタイプだ。せっかく来たのだから、その土地ならではのものをたくさん見て体験したい。事前に立てた計画が狂ってしまい、行き損ねた場所が出ると、損をした気分になる。まるでスタンプラリーのようにせかせかと観光スポットを巡り、予定通り行動して多くの場所を巡ることができると、達成感と満足感を覚える。男性の旅行は、そんなパターンが多いようだ。

ところが、女性が旅行に求めるものは違う。一応旅のスケジュールを立てて出かけたとしても、現地で気に入った場所に出合えば予定以上に長居をするし、歩き疲れたらのんびりお茶をする。

その時の流れや気分次第で好きなように行動して、最終的に自分が楽しめて満足できる旅ができればそれでよし、というスタンスだ。山があれば頂上まで登って山頂を征服しないと気が

済まない男性に対し、女性は途中できれいな花畑があれば寄り道をして、山頂まで行けなければ途中で引き返してもかまわない。つまり、女性にはイレギュラーな出来事はウェルカム、ということなのだ。

そんなふうに男性と女性では旅に求めるものが違うから、夫婦二人きりで旅行をするとお互い思い通りに行動できず、不満を募らせる結果になる。夫が旅の主導権を握った場合、妻は「せっかく旅行に出かけたのに、この人と一緒だと自由気ままに楽しめない」と不機嫌になる。

妻に主導権を握られれば、夫が立てた旅行プランは、現場で次々と変更されてしまう。旅先での夫婦げんかを防ぐには、スケジュールがガッチリ決められていて、自由行動の少ないパックツアーに参加するのがいいのかもしれない。

女性はなぜ美容院が好きなのか

目的を効率良く叶えたい男性と、目的を叶えるまでのプロセスも含めて楽しみたい女性の違いが端的に現れている好例が、美容院と理髪店だ。

女性の美容院は時間がかかる。シャンプーとトリートメント、カット、パーマ、カラーリング、さらには最近流行のヘッドスパやヘッドマッサージなどを受けると数時間はかかることも珍しくない。

妻が美容院に出かけると半日は帰ってこなくて、「髪を切るだけなのに、いったい何時間も美容院で何をしているのだろう?」と、いぶかしく思ったことのある夫は少なくないはずだ。女性にとっては、美容院で過ごす時間そのものが楽しみであり、心の癒しになっているのだ。

カットを始める前に、ヘアスタイルについてあれこれ相談すること。スタッフに丁寧に髪をいじってもらい、シャンプーやトリートメントをしてもらうこと。パーマ液やカラーリング剤が浸透するまでの間、お茶を飲んだりスタッフと世間話をしたりしながらのんびり待つこと。美容師にいろいろと話しかけられながら、髪を切ってもらうこと。最後にブローやスタイリングをしてもらい、髪を美しく整えてもらうこと。

その一つひとつのプロセスや、他人が自分の髪に手間暇をかけてくれている時間そのものが、女性には楽しくて幸せなひとときなのだ。だから、「シャンプーを省いて10分でカットが終わる」といった早さと安さが売り物のヘアカット専門店は、女性にとってはあまり嬉しくない。

これに対して、理髪店のサービスは、男性の「目的を効率良く叶えたい」「無駄なことはしたくない」という男性のニーズを実によく心得ている。一般に理髪店では、スタッフが客に対して美容院ほどあれこれ話しかけてこない。手早く黙々と髪を切ってくれて、最後はひげそりをしてサッパリ終了、という感じだ。男性にとっては、そうした無駄のないサービスが心地好い。できるだけ無駄を省いて効率よく目的を叶えたいため、仕事の移動中や通勤途中にフラッと寄ってサクッと髪を切ってもらえるヘアカット専門店も、男性の間では人気がある。逆に、美容院のようなゆったりとしたサービスをされると、時間を持て余して退屈になったり、あれこれ話しかけてくるスタッフをわずらわしく感じたりして、女性のようにくつろげない男性が多いようだ。

女性がエステやネイルサロンを好む理由も、美容院と同じだ。他人が自分の体に手をかけてくれて、女王様気分を味わえることが、彼女たちにとっては極上の癒しなのだ。

「大してきれいになるわけでもないのに、エステに通うなんてお金と時間の無駄だ」と思う方もいるかもしれないが、そんな本音を妻に言ってはいけない。その無駄な時間が、妻にとっては最高のリフレッシュであり、ストレス解消につながっているのだから。

「他人に弱みを見せられない」男と、「悩み事を共有したがる」女

困難に直面したり、悩み事を抱えたりしている時、あなたはどうするだろうか。一人きりでじっくり考えるか、飲みに出かけてパーッと忘れるか、いずれにせよ自分の中だけで解決を図ろうとする人が大半だろう。

多くの男性には、「男は弱音を吐いてはいけない」「悩みを他人に打ち明けるのは、自分の弱さをさらけ出すことになる」「自分の問題は自分で解決しなければいけない」といった思いが、

心のどこかにある。他人に悩み事を打ち明けるのは、自分の恥をさらすことであり、「男らしくない」行為のように感じてしまうのだ。

一方、女性は多くの場合、悩み事があると、親しい人に「話を聞いてもらいたい」と思う。女性にとって自分の悩みを他人に相談することは、重要な解決手段である。悩みを他人に話しているうちに自分の気持ちの整理ができ、相手のアドバイスも聞きながら自分の考えをまとめて、解決策を見出していく。

そもそも女性は「話しながら考える」ことができる生き物なので、自分の気が済むまで話を聞いてもらえれば、たいてい本人の中で解決策が見つかるのだ。また、悩みを他人に打ち明けることは相手を信頼している証であり、親しい人や身近な人が悩んでいたら、その悩みを共有して、一緒に解決策を考えてあげたいと願う。

悩み事を他人に話したがらず、自分だけで解決しようとする男性と、悩み事を共有したがる女性のすれ違いは、夫婦間でも起こる。

夫が問題や悩み事を抱えている様子の時、それを自分に打ち明けてもらえない妻は「夫婦なのになぜ話してくれないの?」と、寂しさや無力感を覚える。悩み事をしつこく聞き出そうとする妻に対して、夫は「放っておいてほしい」「一人きりでじっくり考えたい」と思い、イライラする。時には「君には関係のないことだ」などと口に出してしまい、夫婦関係に亀裂が入ることもある。

反対に妻が悩み事を抱えている時は、夫に話を聞いてほしいのに聞いてもらえない、という不満が生じる。「話しながら考える」のが女性の特性なので、妻の話をさえぎって自分の意見やアドバイスを話し始めたり、妻の堂々巡りの話につき合いきれなくなって、話を打ち切ろうとしたりする夫の対応に、妻は「この人に話しても無駄だ」「私の気持ちをわかってくれない」と、ガッカリしてしまうのだ。

医師の立場から言わせていただくと、心の健康のためには、男性は悩みを一人で抱え込み過ぎないほうがいいと思う。厚生労働省の「患者調査」（2011年）によると、うつ病の罹患率は女性が男性の1・6倍と多いが、自殺率では男性が2・5倍と圧倒的に上回る（内閣府・警察庁「平成24年中における自殺の状況」）。

この結果については、女性はメンタルの不調を感じると悪化するまで放置せずに自ら受診する人が多いが、男性は他人に弱みを見せまいと、限界まで我慢に我慢を重ねてしまう人が多いためではないか、と私は考える。

実際の診療現場でも、男性のうつ病患者さんは職場や周囲の人から強い勧めを受けて受診する人が大半で、患者さんから症状を聞き出す時も、まるで推理小説だ。問診表に書かれた内容や周囲の人からの情報を基にあれこれ質問をしても、ポツリポツリとしか話が出てこない。「ちょっと体調が良くなくて……」という自己申告が、詳しく聞き出すとかなり深刻な症状だったりすることは日常茶飯事だ。精神的な悩みやストレスを自分から話したがる男性はほとんどいないので、私も無理に聞き出すことはせずに治療を進めていく。ある程度回復した時点になってようやく、「実はあの頃はけっこう大変でした……」と、悩みの正体を打ち明けてくれる人が多い。

女性の患者さんの場合は、まったく違う。カウンセリングで「いつから、どんな症状が出始めましたか？」「今つらいと感じているのは、どんなことでしょう？」などと軽く水を向けるだけで、堰を切ったように話し出してくれる。ストレス性の軽い症状であれば、カウンセリングで話を聞いただけで解消されてしまうことも少なくない。

悩み事を他人に相談することは、決して他人に弱みをさらすことでも、男として恥ずべき行為でもない。いつも強がってばかりいては疲れてしまう。

「妻や家族に心配をかけたくない」という思いや、男としてのプライドもあるかもしれないが、時には妻や友人に愚痴をこぼしたり、悩み事を相談してみたりしてはどうだろうか。

女性の話はなぜ、長くなるのか

妻に限らず、女性の延々と続くおしゃべりにつき合わされて、「どうして女性はこんなにもおしゃべりが好きなのか……」と辟易《へきえき》した経験を持つ男性は多いはずだ。

女性のおしゃべり好きは、赤ちゃんの頃からすでに始まっている。一般に女児は男児よりも言葉を覚えるのが早く、言語能力や自分の気持ちを言葉で表現する感情表現力も男児より優れている。

アメリカ、メリーランド大学の研究によると、男性が1日に発する単語数は平均7000語なのに対し、女性は平均2万語。女性は男性の3倍近くもおしゃべりなのだ。これには、「言語遺伝子」とも呼ばれる脳内のFoxp2というたんぱく質が関係していると考えられており、3～5歳の女児の脳を調べたところ、女児は男児に比べFoxp2の値が約30%も高かったという。

また、女性はおしゃべりに夢中になっている時、快楽をもたらす脳内の神経伝達物質であるドーパミンが盛んに分泌されているとの報告もある。つまり、おしゃべりをしている時の女性は、「ランナーズ・ハイ」ならぬ「おしゃべりハイ」の状態になっており、話していると気持ちが高揚してますます話が止まらなくなってしまうのだ。

反対に、1日に6000語以下しかしゃべれないと、それだけで女性の脳はストレスを感じやすくなるという。女性にとっておしゃべりはもっとも手軽で効果的なストレス解消法なのだ。

こうした話を聞くと、妻が自分の話を夫に聞いてもらいたがったり、女性の井戸端会議が延々終わらないのも納得がいく。だが、男性は女性ほどおしゃべりが好きなわけではなく、女性の長話につき合わされるとストレスを感じるのがつらいところだ。


多くの妻は、夫に対して「会話の時間をもっと増やしてほしい」と望んでおり、夫婦間の会話が少ないことに不満を感じている。実際、女性患者さんのカウンセリングでも、夫に対する不平不満として真っ先に挙がるのが、「夫が話を聞いてくれない」ことだ。

夫婦間のコミュニケーション手段として、会話が重要であることは夫たちも重々認識しているはずだが、妻の話につき合わされるのは苦手、という夫は少なくない。妻の話をきちんと聞いているつもりなのに、「私の話をろくに聞いてくれない!」と責められて戸惑う夫も多い。

このギャップはなぜ生まれるのか。実は、男性と女性では、会話の目的や会話に求めることが違うのだ。

男性の会話パターンは、解決志向的、闘争的で、話題になっている事柄を解決しようと意見を言い合ったり、議論したりする方向に話を持っていく傾向がある。事実を確認したり、自分の持っている知識を披露したり、話し合って戦略を立てたりする会話が得意だ。結論の出ない話や、自分にとって役に立つ知識や情報が得られない話、解決策を見出せないような会話は意味がない、時間の無駄だと感じてしまいがちだ。

一方、女性の会話パターンは、協調的、共感的だ。話題についてお互いに意見を戦わせるというよりも、会話を通じて自分の気持ちを伝え、相手の気持ちをくみ取ってお互いに共感し合い、相手と良好な関係であることを確認したいのだ。

このように男女間で会話の目的や方向性が異なるから、夫婦の会話はすれ違うことになる。たとえば夕食時に、妻が「今日、ママ友とこんなことがあって……」と会話を切り出したとする。

夫にとってみれば、顔も見たことのない妻のママ友には特に関心がない。しかも、話の内容が「ママ友にこんなことを言われて頭にきた」「彼女の家では毎晩、子どもが寝る時にパパが絵本を読み聞かせしてあげているんだって」といった悪口やうわさ話だったりすると、夫は軽くうんざりする。会社的な発想で、話を聞きながら解決策を探ろうとするが、そもそも妻の話は、その場で解決策が見つからないものが大半だ。

「そんなに気に入らない相手なら、友達づき合いをやめればいい」とアドバイスしたところで、「クラスが同じだし家も近いから、そんなわけにはいかない」などと言われるのがオチだ。話を聞いているうちに、夫は次第に「俺にどうしろって言うんだ」とイライラしてくる。やがて話を聞くことに飽きて「へえー」「あぁ、そう」といい加減な相槌ばかりになったり、「俺、そろそろ寝るわ」と会話を打ち切ったりしてしまう。

そんな夫の態度に、妻は不満を募らせる。彼女たちが聞いてほしいのは、自分の思いや気持ちだ。今日あった出来事や愚痴、うわさ話などを夫に話して自分の気持ちをわかってほしい、夫と感情を共有したいと思っているのだ。夫からのアドバイスや解決策なんて、はなから求めていない。求めているのは共感なのだ。

だが、共感どころか話を聞くことすら苦痛そうな様子の夫に、妻は「もう私には関心がないから話を聞こうとしないのかしら?」と怒り、失望してしまうのだ。

第三章でも詳しく解説するが、妻が満足する会話のコツは、妻の感情に注目することだ。相手の思いに寄り添い、相手が話したいこと、伝えたいことを受容的・寛容的な態度で聞くコミュニケーション・スキルを「傾聴」という。男性は、この傾聴が苦手な人が多い。妻が会話で伝えたい思いは、「……で大変だったのよ」「本当に頭にきた」といった具合に、すでに本人の言葉の中に登場している。

「それは大変だったね」などと妻の思いを肯定・共感する相槌を打つだけで、妻は「私の話を聞いてくれている」「私の気持ちをわかってくれている」という思いを抱く。後は流れのままに、妻が話したいことを気が済むまでしゃべらせてあげればいいのだ。夫婦の会話では、夫は「共感力を高めること」を目標にするといいだろう。

男は「オタク」に、女は「ファン」になる

男女では、趣味の傾向や、その楽しみ方も違う。ゴルフ、写真、将棋、囲碁、麻雀、釣り、格闘技やレース観戦など、男性が好む趣味の多くは「競い合う」性質のものだ。男性はもともと闘争性を備えているため、「他人と競い合いたい」「他人と勝負をして相手を打ち負かしたい」という欲求を満足させる娯楽を好む。

モノを収集することも、男性がはまりやすい趣味だ。古くはメンコ集めや切手収集、昆虫採集や標本作り、野球カードから、最近ではトレーディングカードやカード対戦ゲームなど、時代が変わっても収集ものは男性の趣味の一大ジャンルと言える。大人になってからも、フィギュア収集や腕時計収集など、モノ集めの趣味に夢中になる男性は多い。

男には、自分なりに対象を網羅的に理解・体系化して、自分だけの世界観を作り上げたいという欲求がある。つまり、すべてのアイテムをコンプリートしたり、自分の基準を満たすモノを収集したりすることを通じて、自分の世界観を作り上げて、そこにのめり込んでいくのだ。

一方、女性の趣味は、気の合った仲間と一緒に同じことを楽しんだり、自分の心の癒しやリフレッシュを求めたりする傾向が強い。ショッピングや食べ歩き、友人とのおしゃべり、エステやマッサージ、お稽古事などがその最たる例だ。興味の対象がモノに向かう場合も、女性は自分が好きなアイテムや自分が思い入れや共感を抱けるモノだけを手に入れられれば満足で、男性のように網羅的なコレクション欲を抱く人は少ないように見える。

同じ対象を好きになる場合も、「オタク」や「マニア」の域にまで突き進むのは男性が多く、女性は「ファン」の範囲で留まる人が多いように思う。対象に関するあらゆる知識や情報、アイテムを手に入れて、自分がなぜその対象を好きなのか、ほかに比べてどのように優れているのか、という持論を構築して、その持論を他人に披露したがるのがオタクやマニアの特徴だ。

それに対してファンが何よりも重視するのは、「好き！」という自分の気持ちだ。自分がうっとりと夢中になれたり、感動できたりすれば十分で理屈はどうでもいい。好きなことをとことん追求して、自分なりの世界観や論理付けを求めずにはいられないオタクやマニアの心情は、どちらかと言えば男性的なものではないかと思う。

このように男女間では趣味に対するベクトルが違うため、夫婦で共通の趣味を持っていても、しばしば対立が起こる。

たとえば、私と妻はともにテニスが趣味だが、仲間と男女十数人でコートを2面借りてテニスをすると、女性陣はコートが空いていてもお構いなくおしゃべりに興じている。

この行為が、男性たちには信じられない。「せっかくコートを借りているのに、練習や試合もせずにしゃべってばかりいるのは時間とお金の無駄だ」と思い、イライラするのだ。中には「休んでばかりいないで早くコートに入って！」と声を荒らげる男性もいるが、私は「彼女たちにとってはおしゃべりもテニスのうちですから、放っておきましょう」となだめている。

事実、彼女たちにとっては奥さま仲間と集まっておしゃべりすることもテニスの重要な目的の一つであり、存分に話をできたことも含めて「テニスをして楽しかった」と思うのだ。


その意味で、いわゆるカルチャー教室は非常に女性的な楽しみの場と言える。気の合う仲間を見つけて一緒にお稽古事や趣味を楽しむことが参加者の重要な目的なので、講座が始まる前から話に花が咲き、終わった後も教室に残り、いつまでもおしゃべりしている。

私は男性向けの料理教室を開いているが、女性が集まるその光景とは対照的だ。男性向けの料理教室では、始まるまで参加者はシーンとしていて、講義中も私語はなく黙々と料理に取り組んで、終わったらさっさと帰る。

女性ばかりのカルチャー教室に男性が参加すると、私語ばかりの女性たちに「不真面目だ！」と苛立ちを覚えたり、疎外感を感じたりする。男性が習い事をする時は、グループレッスンよりも個人レッスンを受けるか、目標や課題が明確に設定されているタイプの教室に通うほうが達成感や満足感が得られるだろう。

また、男性はモノへのこだわりが強く、いい道具を手に入れれば自分の腕前も上がるという考え方なので、趣味の道具にお金をかけがちだ。この気持ちがなかなか女性には理解してもらえない。「最新モデルの高いクラブを買ってもゴルフのスコアが上がるわけじゃないのに」「似たようなカメラばかり買い込んで……」などと妻からチクチクと小言を言われることもある。

一方、夫たちは妻がファッションやメイクにかけるお金や、友達と連れ立ってランチに出かけたりするお金を無駄遣いだと非難しがちだ。しかし、そこはお互いさまである。男女では、楽しむものや楽しみ方が違う。お小遣いの範囲内であれば、お互いの趣味や娯楽に口を出さないのが夫婦が平和に共存するためのルールだろう。

男性の不器用さを女性は理解できない

近年の脳科学の研究により、男性と女性では脳の構造や働きに違いがあることが明らかになりつつある。世界的なベストセラーになった『話を聞かない男、地図が読めない女』（アラン・ピーズ、バーバラ・ピーズ著／主婦の友社）をはじめ、「男性脳」と「女性脳」の特徴を一般向けに解説した本も多いので、読者の皆さんもご存知かもしれない。もちろん、個人差はあるので一概には言えないが、男と女の思考の違いを考えるうえで興味深いヒントを与えてくれるので、ここで簡単に紹介したい。

男女の脳で解剖学的にもっとも違う点は、左脳と右脳をつなぐ脳梁《のうりょう》という部分にあり、女性のほうが男性よりも脳梁が太いことが知られている。

8歳から22歳までの男女949名の脳を調べたアメリカ、ペンシルベニア大学の研究によると、脳内の神経細胞のネットワークにおいても、女性の脳では左脳と右脳を横断する結合が多いのに対し、男性では左脳内・右脳内それぞれで神経細胞の結合が多く見られるという。同研究によると、このような脳内の神経ネットワークの性差は、思春期にさしかかる15歳頃から顕著に現れるとしている。

左脳は体の右側の運動・感覚機能のほか言語の処理や計算、論理的思考を司り、右脳は体の左側の運動・感覚機能と、空間認知、直感や創造性、イメージ思考を司るとされている。

感情や直感で物事を判断して感情的に話をする、話題があちこちに飛ぶ、すぐ長話になるなど、女性の会話パターンによく見られる特徴は論理体系を司る左脳と感情・感覚を司る右脳の両方を使って話をするからだと考えられている。

左脳で主に考え話をする傾向が強い男性は、論理的で筋の通った話を好み、自分の感情を言語化するのはあまり得意ではない。男性が女性のおしゃべりに「話の先が見えない」と苦痛を覚え、女性が男性の話を「理屈ばかりでつまらない」と感じて会話がかみ合わないのは、会話時の脳の使い方が男女で違うからではないか、と考えられている。

また、女性の脳は一般に左脳と右脳の協調が必要なマルチタスク（同時に複数の作業を行うこと）が得意であり、片方の脳で情報を処理する割合が多い男性の脳は、一つの物事に集中することが求められるシングルタスクに向いているとされる。

女性は家事をしながら電話の応対をするなどの並行作業を難なくこなせるのに対し、男性は一つの物事に没頭すると、ほかのことが目に入らなくなってしまうのだ。

こうした男女の脳の違いは、男性が狩りに出て獲物を捕らえ、女性はコミュニティに留まって住まいを守りながら育児や木の実・果物の採集をする、という原始の狩猟採集時代の役割分担に適応して発達した特性だと推測される。

人類の歴史を振り返ると、現代人の直接の人類の祖先と考えられているアウストラロピテクスが出現したのが約400万～200万年前で、現生人類であるホモ・サピエンスが出現したのが約3万年前。新石器時代に入り、農耕が始まったのは約1万年前だ。農耕が始まるまでの約400万年もの間、人類は狩猟採集の生活を送ってきた。

この間に、男女はそれぞれの役割に応じて違った特徴を持つ脳へと進化してきたのだ。男は狩りや戦に集中できなければ命の危険にさらされてしまうし、女は周囲の状況を常に注意深く観察し、まんべんなく注意を払うことができなければ安全に子育てができない。人類の進化の過程で、男女はそれぞれ生活環境に応じて必要な能力を磨き上げてきたのだ。

男性の脳は、一心不乱に物事に集中することができ、仕事でも趣味でも目標達成に向かって一途にがんばることができる反面、いろいろな作業を同時進行したり、複数の物事にバランス良くエネルギーを分散させる器用さには欠ける。この点が、女性の怒りや不満を呼ぶこともある。あなたは妻から「仕事さえしていればいいと思っているんでしょ!」「仕事と家庭、どっちが大事なの!?」といった類の文句を言われたことはないだろうか。妻は「仕事ばかりにかまけていないで、もっと私や家族のことも大切にして」と言いたいのである。「家族が大事だからこそ仕事を一生懸命にがんばっているのだ」という男の気持ちは、なかなか理解してもらえないのが悲しいところだ。

仕事と家事や育児、趣味や交友関係にも同時にエネルギーを注ぎ、バランス良く生活を充実させることができる器用な女性には、男性の不器用さはわからないのだ。だが、嘆いてばかりいても仕方がない。

一つの物事に全エネルギーを集中させがちな男性は、これまで情熱を注いできた生きがいを失った時、燃え尽きてしまう恐れがある。会社の中では目の前のことに全力投球し、家庭に帰れば仕事を忘れて家族との時間や趣味を楽しむという具合に、その場その場で切り替えて仕事とプライベートをバランス良く充実させていってほしい。

ホステスとホストに見る、男女が異性に求める要素の違い

ホステスとホストは、それぞれ男心・女心を満足させてお金をいただくプロだ。ホステスとホストの接客の違いを見ると、男女がそれぞれ異性に対してどんなことを求めているかがよくわかる。

最近では若さと美貌だけが売りで、ろくに接客もできないキャバクラ嬢も人気があるようだが、昔ながらの夜のお店のホステスやスナックのママに共通しているのは、とにかく褒め上手で、男性を立てるのがうまいことだ。

ホステスやママたちは、男性客のちょっとした自慢話にも素直に感動してみせて、「仕事が

できるのね」「すごいわ」「さすがね」「かっこいいわ」「優しいのね」「頼りになるわ」などと、男性が言われて気持ちのいい褒め言葉のシャワーを浴びせる。客が自分の知識やうんちく話を披露すると、初めて聞いたことのように「知らなかった」「そうだったの」「物知りなのね」などと感動してくれる。愚痴をこぼしたり弱音を吐いたりしても、「それは大変ね」「よくがんばってるわよ」などと優しくいたわり、励ましてくれる。

人から褒められたい、尊敬されたいという男性の自尊心を満たしてくれて、自分が弱気になっている時には母親のように優しくいたわってくれる。そして帰り際に「今日はとても楽しかった。また会いに来てね」などと言われると、単なる商売上の言葉だと頭ではわかっていても、ついつい店に通ってしまうのが男性の悲しい性《さが》だ。

一方、ホストの世界も、ルックスが売りの人や、客を笑わせて楽しませるのが得意な人など、さまざまなタイプのホストがいるが、売り上げトップを誇るホストは、やはりトークと接客テクニックが優れている人が多いようだ。

ホストの接客で重要なことは、まず聞き上手であることだ。女性客の話を親身になって聞き、「わかるよ」「大変だね」などと共感を示す。「私の気持ちをわかってくれている」という信頼感を抱いてもらうことが接客の第一歩だが、そこから先は臨機応変で、その時々の女性の気持ちを表情やしぐさ、話しぶりなどから察して、女心を自在に操るらしい。

ホストと言えば、ひたすら女性に尽くして女王さま気分や恋人気分を満喫させるだけかと思いきや、現実は違うようだ。

もちろん、まるで恋人のように接して女性に甘い気分を味わってもらうことは基本だが、時にはわざと冷たくしたり、ほかの客と仲よさそうにしてみせたりして不安や嫉妬心をあおったり、「この店で売り上げトップを取りたいんだ」などと夢を熱く語って、「私が彼を応援して、トップにしてあげなくちゃ」と女性の母性本能をくすぐったりする。

男性に甘えたい気分の時にはお姫さまのように特別扱いして存分に甘やかしてくれて、逆に大人の女性を気取りたい時には無邪気な少年のように慕ってくれる。悩みがある時には頼れる先輩のように親身に相談に乗ってくれ、時には恋のドキドキ感を味わったり、好きな人を応援して一人前に育て上げたいという気持ちを満たしてくれたりする。

ホストは、女性が男性に対して期待するさまざまな役割を一人で果たしてくれるからこそ女性客が夢中になり、高いボトルや席料を嬉々として支払うのだ。ホストはただのチャラチャラした色男ではないのだ。コロコロ変わる女心を瞬時に察し、その時々で彼女たちが求める「理想の男」を演じるプロなのである。

ホステスとホストの違いを見ると、**男性は女性に恋人と母親的な要素を求めるのに対して、女性が男性に求める要素はより複雑で、一人の男性に複数の要素を求める傾向にある**と言えるだろう。その点でも、やはり女性は欲張りなのである。

女性は生まれついての女優。赤ちゃんの頃から「空気を読む天才」である

女の子と男の子のお子さんがいる家庭では、すでに成長を間近で見てきただろうが、女児と男児は赤ちゃんの頃からはっきりと性別の差が表れる。

女の子の場合は、まだ言葉をしゃべれないうちから周囲の人々の様子や表情をうかがい、自分の欲求を通すために最適なタイミングで泣いてみせる。「空気を読む」ことに関して天才的な能力を発揮するのだ。

激しく泣きながらも冷静に周囲を観察し、誰も相手にしてくれないとわかると、「無駄泣きはエネルギーの損」とばかりに静かになる。そして、自分の近くに誰かが来たり、自分に目を向けている人がいるとわかった途端に、再び泣き出してアピールするのだ。

言葉を覚えると、女の子たちの女優ぶりはますます拍車がかかる。その場その場の状況を的確に分析し、誰を味方につければ自分のわがままが通るか、自分がどんなふうにふるまえば可愛がってもらえるかを瞬時に判断し、行動に移す。

たとえば、母親に叱られると、すぐさま父親の元に駆け寄っていき、「ママに怒られたのー」と悲しげな顔をしたり、「やっぱりパパが一番好き」などと言いながら、極上の笑顔を見せたりする。当然、パパはデレデレで、妻に「あんまり厳しくするなよ」と娘をかばう。あるいは、祖父母の家に遊びに行くと、誰にねだれば欲しいモノを買ってもらえるかを素早く見極めて狙いを定めたターゲットにピンポイントで甘えてみせる。無邪気なようでいて、とてつもなく計算高いのだ。

一方、男の子たちは、ガッカリするほど何も考えていない。周囲の状況に関係なく、自分が泣きたければ力の限り泣き叫び、わめきたければわめいて暴れる。赤ちゃんの頃は、誰も見ていないところで泣き叫んだ挙句、泣き疲れてグッタリしている。

幼稚園児や小学生になってからも、親が「もういい加減にしなさい!」とお店の売り場に置き去りにしても、自分の気が済むまで「あれ欲しい!」「買ってー」などとわめきながら地団太を踏んでいる。不器用もいいところだ。

人間関係の立ち回りも下手くそで、親に叱られている最中に怒りの火に油を注ぐような口答えをしてますます叱られたり、つまらない憎まれ口をたたいておねだりのチャンスをふいにしてしまったりする。子どもらしいと言えば子どもらしいが、自分のことに手一杯で周囲の状況がまったく見えていないとも言える。

こうした違いを見ると、人間関係の観察や周囲の人たちの気持ちを読み取ることにかけては、男性は女性に到底、太刀打ちできないと感じざるを得ない。なにしろ、女性は赤ちゃんの頃から誰もが女優で、自分の演技で周囲の人々の心を操ってきたのだから、男性はとてもかなうはずがない。

別れた恋人のことをいつまでも覚えているのは男性だけ

ニューミュージックの男性グループ、チューリップのヒット曲『虹とスニーカーの頃』に「わがままは　男の罪　それを許さないのは　女の罪　若かった　何もかもが　あのスニーカーは　もう捨てたかい」という歌詞がある。別れた恋人に向けて、つき合っていた頃にはいていたスニーカーはもう捨てたのかと問いかけているのだが、これは極めて男性的な発想である。

彼女はおそらく、別れた途端に思い出のスニーカーを躊躇《ちゅうちょ》なく捨てているはずだ。アクセサリーなど高価なモノであれば使えるので捨てずに取っておくかもしれないが、「恋人との思い出の品だから捨てられない」というセンチメンタルな感情は、女性にはほとんどないようだ。

女性たちに聞くと、「昔の彼氏の名前すら思い出せない」「別れてしまえば『もう終わったこと』だから、写真も全部処分する」「モノには罪はないから、ブランド品のプレゼントだけは取っておく」など、恐ろしくドライな答えが返ってくる。

女性の多くは、相手を嫌いになって別れたり、ほかの人に気持ちが移った途端に過去の恋人のことはスパッと忘れてしまう。過去は過去。いつまでも未練を引きずっていては、次に進めないと考えているのだろう。

反対に男性は、いつまでも思い出を引きずる傾向がある。先に挙げた『虹とスニーカーの頃』の歌詞の後半でも、主人公の男はつき合っていた頃の彼女の姿を思い出して、まだ若過ぎて大人の恋ができなかった当時のことを悔いている。

男は何十年も昔の初恋の人の名前を覚えていたり、彼女からプレゼントされた品を後生大事に取っておいたりする。どんな形で別れようと、たとえ片思いだったとしても、好きだった相手のことは当時の姿のまま、しっかりと記憶に残るのだ。ある意味、男性のほうがロマンチストなのかもしれない。

女性は「長く一緒にいれば自然に情が深まる」とは限らない

また、男性は一般に、自分が気に入った物事に関しては、長く愛用する傾向があるように思う。

行きつけの店に何年も通い続けていたり、着古したら同じ商品を買い替えるお気に入りの定番服や下着が決まっている人も多いのではないだろうか。一度気に入って「これ！」と決めたら目移りせずに、同じモノを使い続けているうちにますます愛着がわく、という具合に時間とともに愛着や愛情を深めるのだ。ほかの店や商品のほうがサービスや品質が上だろうと、長年慣れ親しんだ安心感のほうが、男性にとっては重要だったりする。

この傾向は人に対しても同じだ。女性から積極的にアプローチを受けて、最初はあまり乗り気でないまま交際を始めたものの、つき合いが長くなるにつれて彼女のことがどんどん好きになっていった、という経験のある男性は少なくないだろう。

見合い結婚の夫婦でも、長年連れ添ううちに、夫が「やっぱり古女房が一番」と、妻のことを大事に思うようになるケースはよくある。

しかし、男性が注意すべきは、女性も自分と同じように「長く一緒に暮らしていれば、自然に相手への愛着や愛情が深まる」とは限らない、ということだ。女性の場合、一緒に過ごした時間が長かろうが短かろうが、あまり関係ない。何かがきっかけで相手のことを決定的に嫌いになってしまえば、その気持ちがくつがえることはめったになく、時間とともに嫌悪感を増大させていく傾向にある。「長年一緒に連れ添っているから、妻も自分に愛情があるだろう」と思ってはいけない。時間が自動的に愛を育んでくれるわけではないのだ。

欲求は無限大！　女性とは計算高く狭量な生き物である

夫たちがしばしばこぼすのが、「結婚してから妻がわがままになった」「仕事も家事も、いくらがんばっても妻は認めてくれない」といった愚痴である。第一章の冒頭でも述べたが、女は誰でも、生まれてからズーッとわがままである。結婚するまでそこに気づけなかったのが、我々夫たちの落ち度なのである。

女性が若い頃からずっとわがままなのは変わらないが、結婚後、夫に対する要求水準が上がることは十分あり得る。

女性も男性と同様、女性ホルモンのいたずらで一時的に気がおかしくなり、勢いで結婚してしまう。自分の子孫を残すに足る優秀なオスなのか、結婚後も何不自由のない生活を送らせてくれる甲斐性のある男性なのか、相手を十分に吟味しないまま結婚に踏み切ってしまうのだ。

当然、結婚後に「こんなはずじゃなかった」「もっとデキる人だと思っていた」と、夫に対して失望することもある。

女性にとって、結婚は大きな賭けである。妊娠・出産して、子どもが小学校に上がるまでには少なくとも7～8年はかかる。その間、夫にサポートしてもらわなくてはいけない。いざとなれば離婚という手段はあるにせよ、離婚によって受けるダメージは女性のほうが大きい。

妊娠・出産できるタイムリミットはある程度決まっているため、別の相手と再婚してやり直すのも大変だ。いろいろな意味で、結婚は女性にとってリスクが大きいのである。

周囲を見渡すと、ごく普通の女性が、外見や性格、経済力や地位などのレベルの高い男性とうまく結婚して、幸せそうな生活を送っているケースもある。

女性は、たとえ結婚に失敗したと感じても、女のプライドが傷つくので、自分が貧乏くじを引いた、結婚相手選びに失敗したとは認めたくない。

そこで、妻はどうするか。手持ちの資源（夫）を最大限に生かそうとするのである。「稼ぎが足りない」「もっと出世して」「仕事だけでなく私や家族も大事にして」「もっと家事を手伝って」などなど、夫にさまざまな要求を突きつけて、夫のレベルを上げようとするのだ。

夫ががんばって妻の期待に応えようとしても、妻の要求のハードルは次々と高くなり、なかなか満足してくれない。

しかし、見方を変えれば、そうした「鬼嫁」の叱咤激励は、夫を成長させる愛のムチでもある。男性は、目標の達成に向かって一途に努力することに充実感を覚え、自分の役目や責任をきちんと果たすことで自分の存在意義を実感し、深い満足感を得る。妻から叱咤されるよりも、励まされ、褒められながらがんばったほうが、夫もやる気が出て伸びるとは思うが、そこは仕方がない。

我々は「妻は決して満足することのない生き物なのだ」とあきらめて、「至らない自分を見捨てずに、目標や成長のチャンスを与えてくれるだけありがたい」と考え直そうではないか。

ちなみに「鬼嫁」と、いわゆる「モンスターワイフ」は違う。『モンスターワイフ』(講談社+α新書)の著者、二松まゆみさん(恋人・夫婦仲相談所所長)によると、鬼嫁は夫のためを思って夫を叱咤激励するが、モンスターワイフは自己中心的で、自分の基準を夫に押し付けて夫が自分の思う通りに行動しないと激怒したり、激しく夫を攻撃したりするのだ。高学歴で完璧主義の女性に多いという。

たとえば、妊娠を切望するあまり排卵日に毎回セックスを強要する妻、自分の作った料理に夫が醤油を足すと「味付けを変えた!」と激怒する妻、夫が立ったまま洋式便器に小便をすると「トイレを汚した!」と激怒する妻、夫の浮気を疑って鞄の中身や携帯電話のメールを毎日厳しくチェックする妻などである。

モンスターワイフは自分が一番、自分は完璧だと思い込み、夫にも完璧さを求め、夫が思い通りにならないと許さない。これはさすがに病的であり、モンスターワイフと一緒にいると夫は息が詰まってしまう。

モンスターワイフ問題を解決するには、妻自身が自分の心の中にある「モンスターの種」に気づき、自分の考え方や行動を改めてもらうしかない。

妻の怒り恨みは無期限有効・利子付きのポイントカード制

夫たちがうんざりする妻の言動の一つが、「過ぎたことを何度となく蒸し返す」ことだ。妻たちは、自分が傷ついたり怒りを感じたりした「夫の失点」を仔細に覚えていて、夫婦げんかのたびに持ち出しては夫を非難する。

たとえば、ある50代夫婦の場合、口げんかのたびに妻から「初めてのお産の時、あなたは飲みに出歩いていて連絡が取れなかった。私一人で大変な思いをして出産した」と文句を言われるという。「何度この話を聞かされたことか。もう30年近くも昔の話だから、そろそろ時効にしてほしい」と、夫は閉口している。

だが、残念ながら夫が何回謝ったとしても、この先おそらく一生、妻から同じことを言われ続けるだろう。なぜなら、妻たちの心の中には、夫の失点を加算していくポイントカードがあるからだ。

ポイントは無期限有効で、何回口に出して使用してもなくなることはない。いくら夫が妻に謝ったり穴埋めにプレゼントを贈ったりしたとしても、ついたポイントは永久に消えることはないのだ。おそらく世の夫たちにとって、妻が心の中に隠し持っている「怒りのポイントカード」ほど恐ろしい存在はないだろう。

さらに恐ろしいことに、たまったポイントには時々利子まで付く。妻の虫の居所が悪い日には、突然「ポイント2倍デー」が開催されてしまうこともある。そのうえ、「あの時も夫はこうだった」「この時もこうだった」という類似ポイントが合算され、「だからこの人は頼りにならない」「ダメ夫だ」「私や家族のことを大切に考えていないんだ」といった飛躍した総合評定が出されてしまうことさえあるのだ。

夫の言動にイラッとくるたびに、妻の心の中ではポイントが加算されていく。その言動を思い起こすたびに、夫に対する怒りや恨みが増幅していく。そしてポイントカードが満タンになった時、夫に愛想が尽きてしまうのだ。

妻から突然、離婚を言い渡されるような事態は、そんな時に起こる。夫にとっては青天の霹靂《へき》で、何とか妻に思いとどまってほしいと願うが、もはや修復不能だ。累計ポイントがすでに限度を超えていて、妻は「もう夫の顔も見たくない」「同じ空気を吸うのも嫌！」という気持ちになってしまっているからだ。

また、2014年6月、女性のポイントカードは正真正銘の無期限だったと思わざるをえないショッキングな事件が起きた。神奈川県に住む79歳のおばあちゃんが、40年くらい前の夫の女性問題が原因で夫を殺害してしまったのだ。男性側からすれば、もう時効だと思うかもしれないが、女性側からすれば何年経ってもその失点ポイントは消えないということだ。

ここまでの事件になることはそうそうないと思うが、ポイントは蓄積されずっと残っている可能性もあるということだけは忘れないほうがよさそうだ。

夫の怒り恨みはペナルティカード制

一方、ほとんどの夫たちが妻に対して抱く怒りや恨みは、サッカーのペナルティカードに近いのではないだろうか。

ご存知の通り、サッカーでは選手が反則を犯すとイエローカードが、悪質な反則の場合はレッドカードが出される。1試合にイエローカードが2枚出された場合にも審判からレッドカードが提示され、レッドカードが出た時点で即退場となり、次の試合に出場できなくなる。しかし、出場停止処分が明ければ、選手はまたピッチに戻ってプレーできる。

これと同じで、男性の場合、妻の言動に夫が怒りを覚えて大げんかになったとしても、しばらくしてほとぼりが冷めれば妻の失点は「なかったこと」になる。失点はいったんリセットされて、妻への恨みつらみをいつまでも引きずったり年月が経ってから何度も蒸し返したりするようなことはほとんどない。

読者の中には、「いや、俺は世の妻たちと同じく、心に『怒りのポイントカード』を隠し持っている」という人もいるかもしれない。だが、たとえ心の中に、妻の言動に対する怒りのポイントがたまっていたとしても、それを実際に使う、つまり夫婦げんかの際に〝口撃材料〟にすることは、はばかられるはずだ。

なぜなら、男性は心のどこかに「過ぎたことをいつまでも根に持ってグチグチ言うなんて女々しいことだ」「小さなことにいちいちこだわるなんて男らしくない」という思いがあるからだ。いざ夫婦げんかの時「そういう君だって昔、こんなことがあったじゃないか」などと下手に過去のことを持ち出して、妻から「男のくせに昔のことをネチネチと言わないでよ！」などと反撃されたら、そのダメージのほうが大きいだろう。

「男らしさ」へのこだわりから、過去のことは水に流し、怒りを根に持っていたとしてもできるだけ表には出さないように努めているという男性が大半ではないだろうか。

妻の「怒りのポイントカード」は、生存戦略の一環

では、なぜ妻たちは夫の失敗や失態、自分が気に入らない夫の言動をいつまでも根に持って、心の中の「怒りのポイントカード」にため込んでしまうのだろうか。「女性とは、そういう執念深い生き物なのだ」という考え方もあるだろうが、私は**「女としての生存戦略」が根底にあるように思えてならない。**

女性は腕力では男性にはかなわない。力のけんかになれば、妻は圧倒的に不利だ。しかし妻としては、子どもと自分を守るために、家庭内で優位な立場を確保しておく必要がある。力のけんかでは夫に負けてしまうが、口げんかであれば口が達者な妻のほうが強い。口げんかをより有利に進めるには、いざ口論になった時、夫を非難・攻撃する材料は多ければ多いほどいいというわけだ。

そのためには、「夫のせいで私はこんなに傷ついたり、不愉快な思いをしてきた」「夫のために私はこんなに我慢している」「夫よりも私のほうが大変だ」といった具体的なネタをストックしておく必要がある。だから妻たちは、夫の過去の〝犯罪履歴〟を決して消すことはなく、無期限有効でポイント加算を続けているのではないだろうか。

生物学的に見ると、「男は弱い生き物」？

大半の男性は、「男は女よりも強い」と思っているかもしれない。しかし、生物学的に見ると、男性よりも女性のほうがさまざまな面において強いことが証明されているのだ。

まず、生命力の強さを総合する平均寿命は、男性よりも女性のほうが長い。

厚生労働省の「平成24年　簡易生命表」によると、日本人の平均寿命は男性が79・94歳、女性が86・41歳と、男女で6歳以上の開きがある。日本だけでなく、世界中のほとんどの国や地域で、男の寿命は女よりも短い。

乳児死亡率は男児のほうが高く、大人になってからも、不慮の事故や自殺も含めて、80歳以下なら老衰や一部の病気を除くほとんどの死因において、男性のほうが死亡率が高いのだ。

女性が生物学的に強い理由の一つに、女性ホルモンの存在がある。女性ホルモンには、動脈硬化や血管の老化を防いで心・血管系疾患のリスクを下げる働きや、骨を丈夫に保ち骨粗鬆症《こつそしょうしょう》を防ぐ働きのほか、ストレスから女性の体を守る働きもある。女性ホルモンの分泌が急激に低下する更年期を迎えるまでの間、女性の体は女性ホルモンによって守られているのだ。

一方、男性ホルモンには、男性らしい体つきを形成したり攻撃性を高めたりする働きはあるが、男性の体そのものを守ってくれる働きはあまりない。むしろ、主要な男性ホルモンであるテストステロンには、病気や感染症から体を守る免疫システムの機能を低下させる働きがあることがわかっている。

福岡伸一さん（青山学院大学理工学部化学・生命科学科教授）の著書『できそこないの男たち』（光文社新書）によると、生命の歴史をたどれば最初の生命が現れてから約10億年の間、生物の性は単一で、すべてがメスだったという。生命の基本仕様はメスであり、オスは、優れた子孫を残すために生まれた「遺伝子を運ぶ使い走り」に過ぎないのかもしれない。

メスだけで子孫を作っていく単為生殖はもっとも効率が良いが、親と同じ遺伝子が子に引き継がれるため、親とは違う、新しい形質を持った個体を生み出せない難点がある。

さまざまな形質を備えた多様な個体が揃っていないと、環境の変化に対応できず、種が絶滅してしまう。

そこで生命は、両性生殖という方法を編み出したのだ。XX性染色体を持つメスと、XY性染色体を持つオスが交わって、母のX染色体と父のY染色体をもらうとオスが、母と父からともにX染色体をもらうとメスが生まれる、という生殖方法だ。ふだんは単為生殖でメスだけで繁殖し、越冬時だけ卵を産むために両性生殖を行うアブラムシなど、危機が訪れた時だけ両性生殖を行う生物も少なくない。

性染色体以外の染色体である常染色体は雌雄共通で、ヒトの場合は22対（44本）を持つ。これを両親から半分ずつ受け継いで、22対の常染色体と1対の性染色体を持つ子どもが生まれる。

染色体が2本ずつある理由は、細胞が分裂して増えていく際、DNAが複製される最中に何らかの間違いが生じた場合、もう1本の染色体を使って修復ができるからだ。性染色体に関しても、同じX染色体が2本あるメスの場合、複製ミスが起きても修復は可能だ。

ところが、オスが持つY染色体は1本しかないために修復がきかず、壊れたらそのまま放置される。このため、人類が誕生して以来、Y染色体はすり減り、小さくなってきた。

人類が誕生した時、Y染色体とX染色体は同じくらいの大きさと長さだったと考えられるが、現在ではX染色体には約1098の遺伝子があるのに対し、Y染色体の遺伝子は約78と、14分の1にまで減少してしまった。

オーストラリア国立大学のジェニファー・グレイヴス教授の説によると、あと500万年も経つと、Y染色体はなくなり、男性はいなくなるというが、実際にはもっと早いのではないかという説もある。

「男性が滅びたら人類は絶滅するのではないか？」などと心配しなくても、近い将来にクローン技術が完成し、女性だけの平和な世界ができるかもしれない。男を男たらしめているY染色体がどんどん小さくなり、やがては消え行く運命にあると思うと、私もその一員ではあるが、男という生き物はなんとも切なく哀れな存在に思えてくる。

寂しい話になってしまったが、「男は強い生き物である」というのは男性たちの幻想に過ぎない。女性よりも多少は腕力が強く、「男は強くあらねばならない」という思い込みを植えつけられながら成長し、女性たちに強さを示すために必死でがんばってきたから、強そうに見えるだけだ。

昔ならば、男性たちが戦う場はいくらでもあった。原始時代は狩猟で獲物と日々戦い、農耕が始まってからも、男は「田の力」と書く通り、農作業の中でも力仕事では男性が頼りにされてきた。戦場に赴くのも男性の仕事だった。

しかし、工業化が進み、腕力が必要ないデスクワークやサービス業が仕事の主体となった現代では、女性が俄然有利になる。男性が誇る腕力や体力で戦う仕事が減り、何が何でもトップを取るという男性に特有な競争心よりも、女性が持つ細やかな気配りや緻密さが重宝される時代になってしまったのだ。現代は、男性が強さや男らしさを発揮できる場が少なくなってしまった、ある意味不幸な時代と言えるかもしれない。

だが、先に述べた通り、生物学的に言えば、肉体的な丈夫さも精神的なたくましさも、女性たちのほうが男をはるかに上回っている。

「男は弱い生き物である」と認めることで、少しは気分が楽になるかもしれない。男性性を放棄したように見える「草食系男子」が増えてきているのも、男らしさ幻想を放棄して女性たちと平和に共存共栄していくために生み出された男の新たな生存戦略なのかもしれない。

今から草食系男子になるのは無理でも、我々中年男性には、「おばちゃん化」して妻や周囲の女性たちと楽しく平和に暮らす、という道もある。そのことについての提案は、最後の章でご紹介する。

男性たちは無理にがんばり過ぎず、自分なりにもっと気楽に生きていけばいいのだ。

次章ではいよいよ、異星人である妻と平和に共生するための具体的なコツについて解説していこう。

第三章　エイリアン妻と共生するための15の戦略

妻たちは夫のどんな点に苛立ちを募らせているのか

ここまでお読みいただいて、我々夫たちにとって妻（女性）がいかにエイリアンであり、お互い相容れない存在であるかがご理解いただけたと思う。本章からは、そんなエイリアン妻と平和に共存していくための具体的な方法を紹介していこう。

夫婦関係の見直しと改善を図るうえで、まず知っておきたいのが、世の妻たちが夫に対してどんな思いを抱いているのか、ということだ。夫婦の意識調査の一例として、2014年3月に実施された『第8回　結婚・出産に関する調査』（明治安田生活福祉研究所）（図1－1）の結果を紹介しよう。

この調査は、全国の20歳～49歳の男女3616名を対象に行われた。離婚を「いま考えている」「ときどき考えることがある」と回答した割合は、30代では女性の4人に1人（24・4％）、男性の6人に1人（15・7％）。40代になると、女性は28・2％、男性は21・4％と、男女とも5人に1人が離婚を考えたことがあると回答している。前年までに比べ、若干ではあるが数値は年々女性のほうは上昇し、男性のほうは下降している。

特に注目すべきは、「あなたは配偶者にどんなことを望みますか」（図1－2）という質問に対する回答だ。まず、妻が夫に対して望むことのトップ5を見てみよう。

第1位「健康に気を使って欲しい」（31・4％）

図1-1　離婚を考えること、考えたことがあるか(既婚者)

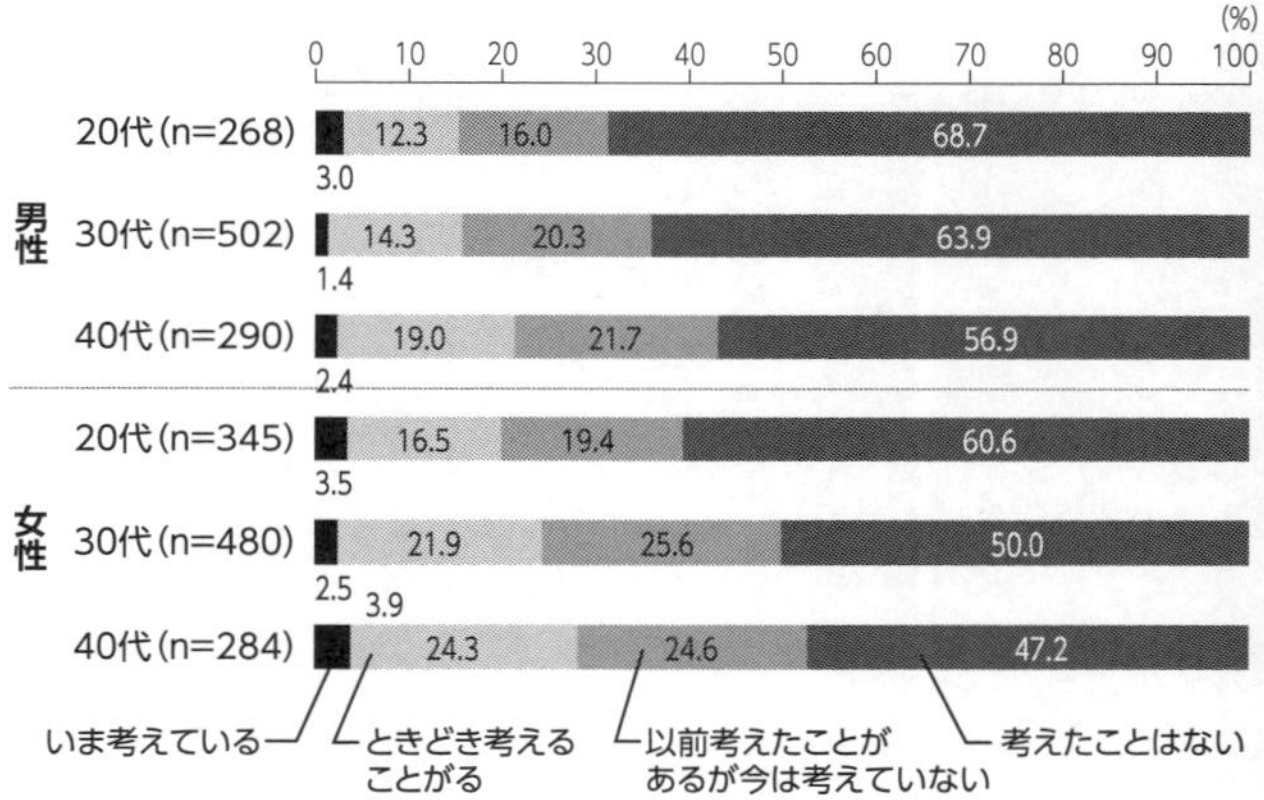

図1-2　あなたは配偶者にどんなことを望みますか(既婚者、複数回答)

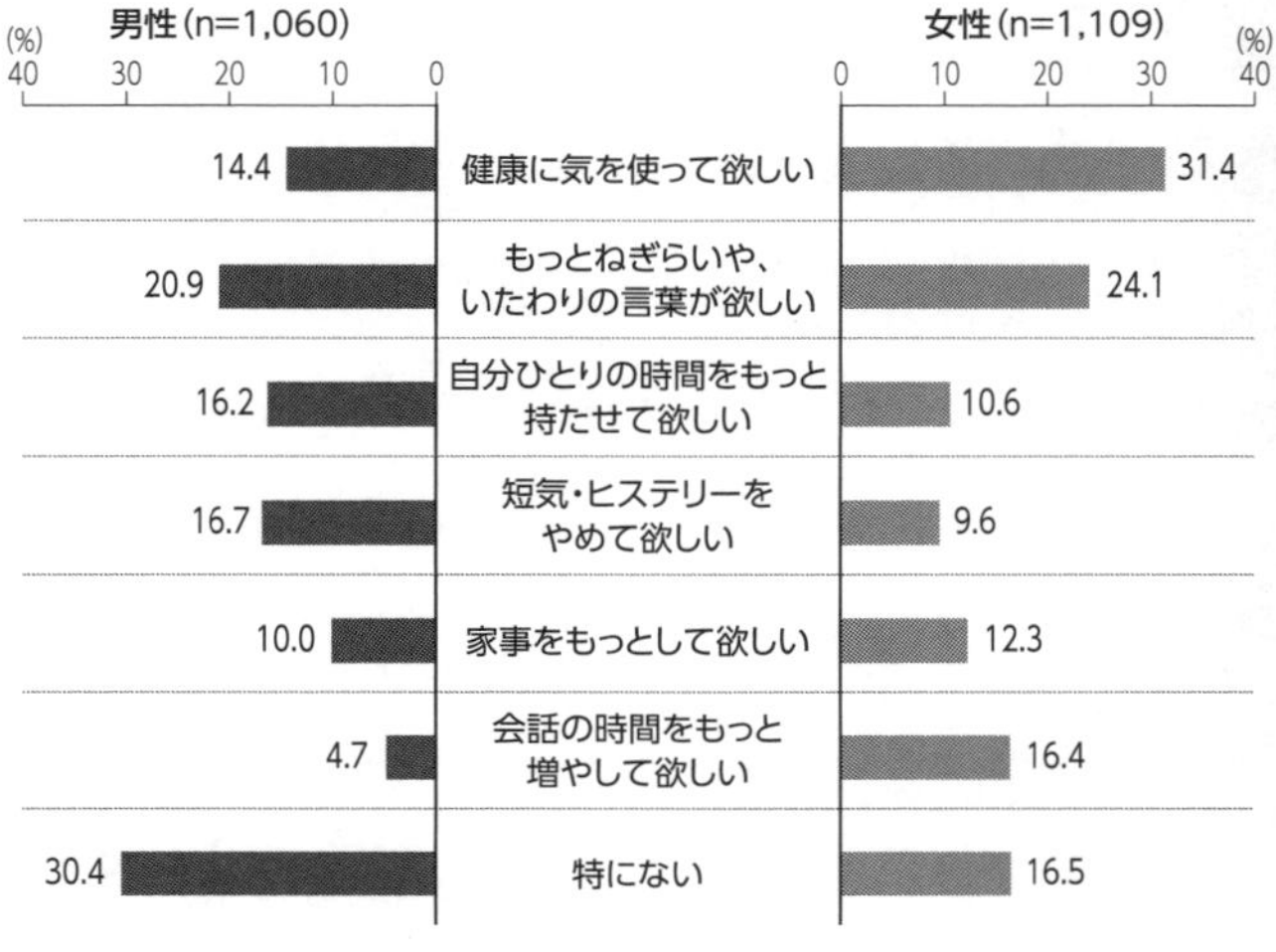

出典：明治安田生活福祉研究所『2014年 20〜40代の恋愛と結婚』
(第8回 結婚・出産に関する調査より一部抜粋)

第2位「もっとねぎらいや、いたわりの言葉が欲しい」(24・1%)
第3位「特にない」(16・5%)
第4位「会話の時間をもっと増やして欲しい」(16・4%)
第5位「家事をもっとして欲しい」(12・3%)

言い換えれば、妻たちは「感謝やいたわりの言葉が足りない」「自分の話を聞いてくれない」「家事をしてくれない」夫に不平不満を抱いているのだ。

ちなみに、夫が妻に対して望むことのトップ5は、以下の通りだ。

第1位「特にない」(30・4%)
第2位「もっとねぎらいや、いたわりの言葉が欲しい」(20・9%)
第3位「短気・ヒステリーをやめて欲しい」(16・7%)
第4位「自分ひとりの時間をもっと持たせて欲しい」(16・2%)
第5位「健康に気を使って欲しい」(14・4%)

驚くべきことに、「特にない」というのが第1位だ。ちなみに女性が「特にない」の数値が16・5%と約半分だというのがまた怖いところだ。ほかにも、自分のやっていることへの妻の評価の低さや、すぐにキレたりわがままで自分勝手な妻の行動に悩まされたりしている夫の様子がうかがえる。おそらく読者の皆さんも、同じような思いを抱いていることだろう。

夫たちが妻に抱く不満に対するアドバイスは、すでに第一章で述べた。一言で言えば「あきらめなさい」である。「なんで俺たちだけが妻のわがままを許し、我慢しなきゃいけないんだ？」と腹が立つことは重々承知のうえだ。少しでも家庭でストレスが少なく、快適に過ごすために必要なことだと割り切り、騙されたと思って、本章で紹介する「家庭内マネジメント戦略」を実践してみてほしい。

まずは大前提として、「結婚とは何か」「我々夫たちはどんな心構えで妻に接すればよいのか（どのように考えれば少しでも気が楽になるのか）」といった基本的なスタンスについて、読者の皆さんに改めて認識していただきたい確認事項がある。

《確認事項》

【1】すべての結婚は間違いである。若い時の男性・女性ホルモンの過剰分泌によって気がおかしくなって結婚に至るのである

【2】結婚とは、世の中から争いごとをなくすための社会的試練である

【3】妻も夫も、心は結婚前からほとんど変わっていない。結婚後、容姿が変わりホルモンが減ってくるので、かつては許せた相手の言動も許せなくなっているだけである

【4】子どもを授かること（出産と育児）は、結婚の幸せ以上に試練と考える
【5】一度、妻に対して「君を一生幸せにする」と言った以上、武士に二言なしとあきらめる
【6】再婚しても同じ苦労をするだけなので離婚は最終手段と考える
【7】どうしても離婚したいなら、それ相応の資金をつぎ込むこと
【8】同じ嫌な思いをするなら、少しでも快適になるように努力する
【9】家庭のマネジメントは、仕事以上のタフワークと心得る
【10】新しいパートナーでは、数十年の夫婦の歴史を共有できない。良いことも悪いことも共有することで、老後がそれなりに豊かになる。妻はいわば「戦友」だと思えば、辛抱もできる

以上を踏まえたうえで、妻が夫に対して不平不満を抱く事柄に関して、その理由と対策を考えよう。

第一章でも説明した通り、妻は結婚して急にわがままになったわけではなく、つき合っていた頃からわがままだったのである。結婚前は自分が「この人と何としても結婚したい！」という強い気持ち（ほとんどが性ホルモンの影響）に駆り立てられていたうえ、妻のほうも猫をか

ぶって本性を隠していたために、我々夫たちが気がつかなかっただけである。ほぼ終始一貫して、女性とはわがままな生き物であると考えよう。

「何の因果で、こんなわがままな妻を養わなければいけないのか」と考えると腹が立つので、「負荷こそが男を強くする」と考えて、潔くあきらめることだ。

古来、名を成した英雄や著名人の妻の多くは悪妻である。ボランティア活動も本来は、他人のためではなく自分のために行うことだ。「結婚こそ男を鍛える試練であり、悪妻こそがパワーの源である」と発想の転換をして、妻といかに快適に過ごせるか、けんかせずに平和に暮らせるかを考える。これは宗教の苦行・難行よりもはるかに大変なことだ。

夫を苦しめる妻の「復讐うつ」が急増中

読者の中には、「うちの妻は不平不満を言わず、家のことをよくやってくれている」「わが家は平和だから関係ない」という人もいるだろう。しかし、真面目に夫に尽くしてくれる良妻賢母タイプの妻こそ危ない。

なぜなら最近、高齢の女性に「復讐うつ」とでも呼ぶべき病態が散見されるようになってきたからだ。「復讐うつ」とは、私が命名した病気だ。

典型的なパターンは70〜80代の高齢夫婦だ。妻が徐々にうつ状態になり、体の痛みやしびれ、頭痛、めまい、耳鳴り、動悸など人によってさまざまな不調が現れて、外出も家事もできなくなり、家で寝込んでしまう。認知症など、寝たきりの原因になるような病気は特に見当たらない。

妻が一人では何もできなくなってしまうため、夫は妻の身の回りの世話から家事一切を一人でやることになる。「妻が最近、すっかり弱ってしまったんです」と、慣れない家事と妻の介護に疲れ果てた夫が、私のもとへ相談に来る。

ところが、妻を一時的に子どもの家に預けたり、高齢者施設に入居してもらったりして夫から隔離すると、妻の症状は嘘のように消えてしまうのだ。一人でトイレに行けるし、食事も外出も支障なくできる。しかし、家に戻って夫婦二人きりの生活になると、また症状が再発して寝たきり状態になってしまうのだ。

この妻たちは、まるで夫の前では寝たきり状態になることで、これまで数十年間夫の身のまわりの世話をしてきたのと同じ苦労を夫に味わわせて復讐を果たそうとしているかのように見える。妻本人には自分の不調の原因がまったくわからず、「どうして体が動かないのだろう」と、とても苦しんでいる。

復讐を受ける夫はもちろん、無自覚のうちに夫に復讐している妻も苦しむ、夫婦双方にとって非常に不幸な病態と言える。

妻が「復讐うつ」を患うのは、夫が生真面目な完璧主義者で、妻も生真面目で「妻としての自分の役目をしっかり果たさなければいけない」と思い込み、文句の一つも言わずに黙々と家事や育児をこなしてきたような夫婦関係に多い。結婚以来、数十年にわたって抑圧し続けてきた不平不満が、「復讐うつ」の形で爆発しているのだ。

「復讐うつ」は、妻を夫から隔離しない限り治らない。最たる例では、夫に先立たれた途端に妻が別人のように元気を取り戻したケースもある。夫が死ぬまで、妻は自分一人では何もできない寝たきり状態となって復讐を続けるのだ。夫にとって、こんなに恐ろしいことはないだろう。

熟年離婚や「復讐うつ」などの不幸な事態を招かないためにも、できるだけ早い時期から夫婦関係の見直しを行い、夫婦双方にとってできるだけストレスの少ない、なるべく不平不満をため込まずに済むような関係を築いていかなくてはいけないのだ。

覚悟ができたところで、いよいよ具体的な対策について述べていこう。

対策1 妻の話は「聞いている」という演技が大事

妻との会話はわずらわしいが、無視をすると「私の話をろくに聞いてくれない」という不満がくすぶって、後々まったく関係のない時に「あなたはいつも私の話を聞いてくれない」「夫婦の会話がない」などと責められればもっと面倒なことになる。賢明な夫ならば、どちらが得かわかるだろう。

妻が話しかけてきたら、迷惑そうなそぶりを見せたり自室に逃げ込んだりしてはいけない。5分でも10分でもいいから会話に応じるのが、結果的には得策なのだ。

では、夫婦の会話では何を話せばよいのか。

妻は夫の意見や結論なんて、はなから期待していない。ただ自分の話を聞いてほしい、愚痴を言いたいだけである。夫は話を聞いている「演技」をすればいい。演技と言うと聞こえは悪いが、要は「あなたの話をちゃんと聞いていますよ」とアピールをすることだ。

妻がしばしば夫に対して「話を聞いてくれない」と怒るのは、自分の話に興味や関心を示してくれない、自分の気持ちに共感してくれないことに怒っているのだ。したがって、妻との会話では、受容と共感を示すことがポイントになる。テクニックとしては、比較的簡単だ。

たとえば、妻が「あなたのお母さんが私に『家の大掃除の手伝いに来てほしい』って言ってきたのよ！」と話しかけてきたら、「そんなことを言ってきたのか？」と疑問形で返す。さらに「それは大変だな」と付け加えれば、上級者だ。

前者はカウンセリングの場でもよく使われる「オウム返し（バックトラック）」と呼ばれるテクニックだ。相手の発言のキーワードや言葉尻を、そのままくり返して言うことによって、相手は「私の話を聞いてくれている」「私の言いたいことが伝わっている」という安心感を得られる。

一般に男性は女性に比べて感情表現が乏しく、言葉や声のトーンで自分の気持ちを伝えることもあまり上手ではない。男性が会話で使いがちな「ああ」「うん」「へえ」「ふーん」「そう」「それで？」といった言葉は、時として女性の耳には冷淡で自分の話に興味がないように聞こえてしまう。これが、妻が「生返事ばかりで私の話を聞いてくれない！」と苛立つ要因の一つだ。

簡単な会話例で説明しよう。

妻「最近、ついてないことが多いのよね……」

夫「ふうん。気にしないほうがいいんじゃない？」

こんなやりとりでは、妻は拒絶された気分になり、「私の話を聞く気がないのね！」と怒ってしまう。では、ここで「オウム返し」を使うと、どう変わるのか。
妻「最近、ついてないことが多いのよね……」
夫①「ついてないこと？」
夫②「ついてない時ってあるよね」
①の返答には、妻の話に興味があることを示すと同時に話の続きを促す効果がある。②は、妻の言いたいことに同意し、共感を示す効果がある。会話の中に時折「オウム返し」を取り入れて、妻の話を聞いていることをアピールしよう。

それと、妻の話に共感を示すコツについても、簡単に説明しておこう。

基本的には、妻が自分の気持ちを話し始めたら、それを肯定して、同じ感情を込めて返してあげればいい。「大変だったの」とくれば、「それは大変だったね」と返し、妻が「あのお店、おいしかったの」と言えば、「おいしかったんだ。よかったね」とか「いいな。今度、食べに行きたいな」などと返せばOKだ。それだけで妻は「私の気持ちをわかってくれた」と感じる。

また、「その気持ちわかるよ」「そういうことってあるよね」「確かにひどいよね」「俺も同じような思いをしたことあるよ」といった言葉で共感を表すのも効果的だ。女性同士の会話では、自然に共感を表す言葉を使っている。慣れるまで大変かもしれないが、これがマスターできれば妻がヒステリーを起こすことも少なくなるはずだ。

それと、夫が犯しがちなミスに、妻の発言を否定したうえで自分の意見を話すことだ。先の例で言うと、「大変だったの」という妻の言葉に対して「そんなことは大したトラブルじゃないよ。俺なんて仕事で……」と話し出したり、妻の「あのお店、おいしかったの」という言葉に「カレーだったら、○○に最高の店があるんだよ」などと持論を語り始めたりすることだ。

たとえ、妻を元気づけたい、おいしい店情報を教えたいといった善意から出た言葉だとしても、こうした返答をされると妻は「自分の気持ちを否定された」と感じて怒るのだ。

自分の意見やアドバイスを話したい時は、まず妻の話や気持ちをそのまま受け入れて、いったん肯定したうえで話すのがコツだ。

女性の間で「あの人と話していると楽しい」「優しくて話がわかる」と人気のある男性はたいてい聞き上手で、会話の中でさりげなく相手に対する受容と共感を示すのがうまい。

ここで説明した「妻を怒らせない会話テクニック」は、接客などビジネスの場面でも大いに役立つので、是非実践してほしい。

対策2 不要なモノは捨てる。使ったモノは片づける

「子どもじゃあるまいし、そんな初歩的なことは言われなくてもわかってる」と、ムッとした読者もいるかもしれない。だが、「いらないモノを捨てる」「服や靴を脱ぎっぱなしにしない」「使ったモノは元の場所にしまう」の3つをきちんと実行するだけで、妻が怒る回数は半減するといっても過言ではない。

家電やパソコンが入っていた段ボール箱を取っておく、思い出の品をしまっておく、昔読んだ本やマンガ、ビデオやCDを処分できない、という男性は少なくない。

「修理に出す時や引っ越しの時に必要になるかもしれない」「わざわざ捨てる必要はない」「いつかまた見るかもしれない」といった理由はあるだろうが、妻から見れば「いらないモノばかりため込んで！『いつか』なんて永遠にこないわよ。とっとと捨てればいいのに」とイライラが募るばかりだ。

妻から「これ、いらないんじゃない？」と指摘されたモノや、2〜3年使っていないモノ、サイズが合わなくなったり好みが変わったりして着なくなった服など、いらないものは潔く捨ててしまおう。本やCD、DVDなどは棚に入る量だけ持つようにして、棚からあふれたら処分する。今の自分に必要なモノ、使うモノだけを厳選して手元に残しておくようにする。

モノが少なくなれば部屋がスッキリして片づけや管理が楽になるし、妻の機嫌も良くなる。妻から迷惑がられるモノの中には、趣味のコレクションなど絶対に手放したくないモノもあるだろう。しかし、その他の不要品をすべて処分していれば、「これだけは自分の宝物だから、どうしても取っておきたい」と堂々と言えるのではないだろうか。

服や靴下を脱ぎっぱなしにする、脱いだ靴を揃えない、使ったモノを元の場所に戻さないなどの夫の行動に怒りを覚える妻はとても多い。「ついクセでやっちゃうんだよね」「別に大した手間じゃないだろう」というのは、散らかす側の論理だ。

片づける妻は、夫が脱ぎっぱなしにした服や、使った後も出しっぱなしのモノを見るたびに、「私を召使い扱いしているから、こんなことが平気でできるんだ」「余計な仕事を増やさないで！」とイラッとするようだ。

子どもであれば口うるさく注意すれば直る可能性はあるし、いずれ独立して家から離れると思えば我慢もできる。

だが、夫とは死ぬまで一緒の生活が続くと思うと、余計に怒りと無力感が増す。「ちゃんと片づけてよ！」と口に出して怒らなくても、妻の怒りと不満は毎日確実に、怒りのポイントカードに蓄積されていると思っておいたほうがいい。

妻たちにとって、わが家は「自分の城」だ。モノを散らかす行為は、自分の城を汚す迷惑行為にほかならない。

脱いだ靴は上がり口で揃える。脱いだ上着やコートはハンガーにかける。風呂に入る時に服を脱いだらその場で脱衣カゴや洗濯機に入れる。モノを使ったら、元の場所にしまう。「後でやろう」と思わず、一連の行動としてクセにしてしまえば、大した負担ではない。まず、「自分の後片づけは自分でやる」ことを習慣にしよう。

対策3 「ありがとう」「ごめんなさい」「愛してる」を言ってみる

私は男性たちに「夫婦関係を改善したければ、妻に『ありがとう』『ごめんなさい』『愛してる』の言葉をまめにかけるようにしなさい」とアドバイスしている。

読者の皆さんは職場で毎日、「いつもお世話になっております」「お疲れさまです」「よろしくお願いいたします」などの言葉を連発しているだろう。仕事を円滑に回していくにはこれらの言葉が必要なのと同様に、夫婦間のコミュニケーションを改善・復活させるには「ありがとう」「ごめんなさい」「愛してる」の3語が絶大な効果を発揮するのだ。

まず、どんなささいなことでも、妻に何かしてもらったら必ず即座に「ありがとう」と言おう。人から「ありがとう」と言われて怒り出す人はいない。「ありがとう」と言われれば気持ちが和らぐし、「してあげてよかったな」と嬉しい気分になれる。

本章の冒頭で、妻が夫に対して望むこと、夫が妻に対して望むことのいずれも第2位に「もっとねぎらいや、いたわりの言葉が欲しい」という項目が挙がっていることを紹介した。夫も妻も、配偶者からのねぎらいの言葉を求めているのだ。

だが、あなた自身は日頃から妻に「ありがとう」「お疲れさま」といった感謝やいたわりの言葉をかけているだろうか？　自分が言ってほしい言葉を自分から率先して相手にかけることが、このジレンマを解決する糸口になる。

相手はある意味、自分の心を映す鏡である。感謝やねぎらいの気持ちを示してほしいなら、まず自分が相手に感謝とねぎらいを与えなければ、受け取ることはできない。自分から気軽に「ありがとう」の言葉を口にしているうちに、妻からも自然と「ありがとう」の言葉が増えてくるだろう。

第2の言葉「ごめんなさい」の使い方については、男女間の感覚の違いについて少し説明しておきたい。

「ごめんなさい」は、男性にとっては明らかに自分に非がある場合に使う、自分の過ちや負けを認める謝罪と降伏の言葉だが、女性にとっては重みが違う。女性たちは、相手に不愉快な思いをさせてしまった時や相手を心配させてしまった時、相手と意見が衝突してしまった時など、思い通りに事が進まなかったり意図せずに相手に迷惑をかけてしまったりした時にも「ごめんなさい」という言葉を使う。男性の感覚からすると「すみません」「悪かったね」などの言葉を使う場面でも、女性は「ごめんね」と言うのだ。

だから、夫婦間の会話では夫はもっと軽い気持ちで「ごめんね」と口にしても問題ないし、妻の「ごめんなさい」の言葉を額面通りに受け取らないことが大切だ。妻が「ごめんなさい」と言ったとしても、必ずしも「私が間違っていました」「私が悪かった」と思っているとは限らない。

妻としては夫が「こっちこそ、ごめんな」と言ってくれるのを期待して、「ごめんなさい」と言う場面もある。そんな時に夫が「次からは気をつけろよ」「そうやって最初から素直に謝ればいいんだよ」といった〝謝ったから許してやるよ〟的な態度をとると、新たな夫婦げんかの火種になることもあるので要注意だ。

第3の言葉「愛してる」は、多くの夫にとって口に出しづらい言葉のようだ。しばしば患者さんからも「先生、今さら妻に『愛してる』なんて、なかなか言えません」と相談される。そんな人たちに、私はこうアドバイスしている。

「あなたは正直過ぎます。恥ずかしいという以上に、妻を愛していないから言えないんでしょう。でも、妻への愛はなくなったとしても、情は残っているでしょう。『妻とうまくやっていきたい』という気持ちがあれば十分です。嘘でもいいから、『愛してる』と言いましょう。この嘘は、許されます」と。

そう。「愛してる」と妻に言うのは、言葉のサービスだ。自分が妻を愛しているかどうかは関係ない。妻が喜ぶ言葉をかけてあげることが重要なのだ。主婦の井戸端会議では年齢を問わず、よくこんなやりとりが見られる。

一人が「うちの旦那、いまだに毎日のように『愛してる』って私に言うのよ」とうんざりした調子で（だが軽く自慢げに）話すと、ほかの面々が「えー！ いいなー」「うちなんか、もう何十年と『愛してる』なんて言葉、聞いてないわ」などと一斉にうらやましがるのだ。

私が推察するに、夫が本当に妻を愛しているか、妻本人が夫を愛しているかは大した問題ではない。妻たちにとっては、夫から甘い言葉をかけられて自分がロマンチックな気分になれることのほうがはるかに重要なのだ。

それに、友人同士の会話のネタになるし、ちょっとした自慢話にもなるのだろう。だから、我々夫たちも恥ずかしがったり、躊躇したりする必要はない。妻が望んでいる言葉をかけてあげればいいのだ。「いつもお世話になっております」「これからもよろしくお願いいたします」と言うのと同じくらいの軽い気持ちで、妻に「愛してるよ」と声をかけようではないか。

対策4 ホストになりきる

かつて『時には娼婦のように』という歌が流行った。昼間は貞淑で、夜は妖艶な妻を求めた男性の勝手な妄想ソングであったが、今や時代は変わった。「時にはホストのように」と割り切って、甘く優しく妻を褒めたおすことが、現代の夫たちに必要なスキルである。

「釣った魚にエサはやらない」ではなく、「釣った魚にはフォローとメンテナンスが必要」と割り切ることだ。

では、妻のどこをどう褒めればいいのか。まず、妻が張り切って料理を作ったり、自分の大好物のメニューを出してくれたりした時は無言でたいらげるのではなく「おいしいよ」と言葉に出して褒めてみよう。

何か頼みごとをする前に妻が先回りしてやってくれたら、「気がきくね。助かったよ」と褒める。妻の髪形やアクセサリー、洋服の感じがいつもと変わった時には、「似合ってるね」「その髪形（服）、いいね」と褒める。

我々夫たちは妻の外見の変化を見落としがちだが、妻が自分から「今日、美容室に行ってきたの」「この服、掘り出し物だったんだ」「このバッグ、どうかしら？」などと話しかけてきた時は、妻を褒める大チャンスだ。これらの言葉は、褒めてほしいというサインと考えてほぼ間違いない。

間違っても「この前、パーマをかけたばかりだろ」「バーゲンにしては高いな」「年のわりに派手過ぎやしないか？」などと正直な感想を言ってはいけない。とりあえず褒めておけば妻の機嫌が良くなるはずだ。


日本人男性は一般に、女性を褒めるのが不得手だ。妻を褒める時は「少し大げさかな」「照れくさいな」「ちょっとキザかな？」と思うくらいの言葉がちょうどいい、と思っておくといい。イタリア人男性は、街で見かけた知らない女性であれ高齢の女性であれ、異性に会ったらまず褒めるのが一種のマナーになっているという。女性を褒めないのは、存在を無視しているようで、かえって失礼にあたると考えているのだ。

「きれいだね」「可愛いね」「ステキだ」「最高」「きれいな髪だね」「その服似合ってるね」といった褒め言葉を挨拶代わりにサラリと口にする。

我々日本人男性もイタリア人を見習って、もっと褒め上手になろうではないか。最初は照れくさくても、褒め言葉を口に出しているうちに次第に慣れてくる。褒められて嫌な気分になる女性はいないだろう。

言うだけで妻の笑顔が増えるなら、コストもかからず、これほど楽なことはない。妻の機嫌が良くなれば、我々夫たちも心安らかに過ごせる。

妻を褒めるメリットは、ほかにもある。妻が髪形を変えたり、新しい洋服やアクセサリーを買ったりしたのにまったく気がつかない、あるいは気づいても口に出さない、といったことが積み重なると、妻は「私に興味を失ったに違いない」と失望する。おしゃれをしても褒めてもらえないのでは張り合いがないから、だんだんメイクやファッションに手を抜くようになり、おばさん化に拍車がかかることになる。

常にノーメイク、スカートをはかないなど、例を挙げるとキリがない。ささいな気遣いは夫婦円満のカギであると同時に、思わず同僚に自慢したくなるような、若々しくきれいな妻でいてもらうためにも必要なフォローであると心得よう。

妻を褒めたり、《対策③》で紹介した「ありがとう」「ごめんなさい」「愛してる」をまめに言ったりすることを日常的なフォローだとすると、結婚記念日や誕生日などの記念日は定期メンテナンスに相当する。

妻にとっては、「夫が自分を気にかけてくれていること」と「記念日を忘れないでいてくれること」が、愛情のバロメーターなのだ。妻の誕生日や結婚記念日のような特別な日は、ポイントを上げる絶好のチャンスなので、記念日は絶対に忘れてはいけない。必ず、「その日」に「何か特別なこと」をするのだ。

とはいえ、必ずしも高価なプレゼントや特別なディナーでなくてもかまわない。**「記念日当日に贈る一輪の花は、3日後のダイヤにも勝る」**というのが、私の作った格言だ。

多くの女性は、豪華な贈り物よりも、「その時」のほうが大事だと思っているので、タイミングを逸するのは致命傷なのだ。どうせ妻に何か渡す予定があるなら、安物でも当日のほうが何倍も喜んでもらえるだろう。騙されたと思ってやってみてほしい。

仕事では、取引先や顧客と良好な関係を維持するために時にはプレゼントや接待といったフォローとメンテナンスは欠かさないはずだ。夫婦関係においても同じ。妻へのフォローとメンテナンスをしっかりこなすことが、妻から「釣った魚にエサはやらないつもりなんでしょ！」と責められるのを防ぐ手立てなのだ。

対策5 「パパ」「ママ」ではなく、名前で呼び合う

子どもが生まれると、お互いを「パパ」「ママ」、「お父さん」「お母さん」と呼び合うようになる夫婦は多い。孫ができたら「おじいちゃん」「おばあちゃん」に呼び名が変わるという具合に、家庭内での役割がそのまま夫婦間の呼び名に使われる。

だが、私はこれに反対だ。結婚後、子どもや孫ができても、お互いに名前で呼び合うほうが、良好な夫婦関係を長く維持できると思う。お互いに名前で呼び合うことは、配偶者を対等な個人として尊重することにつながる。「パパ」「ママ」の呼び名に慣れてしまうと、男女の緊張感も薄れてしまう。

特に男性は、妻を「ママ」「お母さん」と呼んでいると、無意識のうちに甘えが出てしまうので要注意だ。「ママ、俺にもご飯おかわり！」「お母さん、出かけるからハンカチを出しておいて」といった具合に、子どもが母親に向かって言うような物言いになってしまう。当然、言われた妻は「私はあんたの母親じゃないのよ！」とムカッとくる。

さらに最悪なのは、妻に「おい」「おまえ」「ちょっと」「ねえ」などと声をかける、呼び名すら使わない呼び方だ。

「今さら名前で呼ぶのは気恥ずかしい」「気安さや親しみを込めた表現だ」といった言葉は言い訳にならない。職場で同僚や部下を「おい」と呼びつけることはしないだろうし、自分に向

かって「おい」と声をかけられたら、不快に感じるはずだ。人に対して失礼にあたることや、自分がされて不快なことは、妻にもしてはいけない。

対策6　妻の積年の恨みを一度は吐き出させる

私は、夫源病の予防策として「プチげんか」を勧めている。夫の言動にイラッときたら、怒りや不満をため込まずに「嫌なことは嫌」「ダメなものはダメ」と、その場で素直に本音をぶつけることができれば、妻はストレスをため込まずに済む。

夫の側も、妻が本音をさらけ出してくれれば妻の怒りや不満の正体がわかる。妻の言い分に納得いかなければ反論できるし、自分が妻に抱いている不満をぶつけてより良い打開策を探ることもできる。

口げんかは立派なコミュニケーションだ。夫婦げんかを恐れて黙り込んでいると、意思疎通がなくなる。一緒に暮らしているのに、お互い何を考えているのかわからないエイリアンのような存在に思えてきてますます夫婦間に冷たい風が吹くことになる。そこまで問題をこじらせないよう、気軽に本音を言い合える関係を作ることが「プチげんか」の目的だ。

とはいえ、すでに夫婦の会話が途絶えてしまっていたり自分の本音を押し殺したりするのがクセになっているような場合は、「今日からプチげんかをしましょう」と言ってもすぐにできるものではない。

私は治療の際、以下の2段階を踏んで「プチげんか」ができるようサポートしている。

第1段階は、妻だけでカウンセリングに来ていただいて、私が聞き役になり、夫に対する愚痴や不満をすべて吐き出してもらう。

第2段階では、夫婦で来院してもらい、これまでの不満をお互いにぶつけてもらう。当然、診察室で口げんかが始まるが、私は黙って見守るだけだ。これを何回かくり返すと、家庭でも夫婦の口げんかが起こるようになり、それとともに夫の症状も妻の症状も軽快していく。

口げんかに慣れてくると、お互いに毒舌を吐き合う夫婦《めおと》漫才のような会話ができるようになり、「プチげんか」が夫婦双方にとっていいガス抜きになるのだ。


このプロセスを家庭で試みる場合は、一度は夫がサンドバッグになる覚悟が必要だ。妻の心の中には、長年の結婚生活で積もり積もった不平不満が渦巻いているはずだ。「この先いい夫婦関係を築いていくために、君が不満に感じていることや、僕に対して望んでいることを聞かせてほしい」と切り出して、妻の不満や怒りをひたすらヒアリングするのである。

おそらく妻は、話しているうちに過去のさまざまな出来事を芋づる式に思い出して、とめどなくあなたを責め続けるはずだ。途中で怒り出したり、泣き出したりすることもあるだろう。

あまりにも勝手な言い分に反論したくなったり、妻のとめどない愚痴や不満にうんざりして、逃げ出したくなったりするかもしれない。だが、ひたすら我慢して妻の話を聞き、妻の積年の恨みや怒りをすべて吐き出してもらわなくてはいけない。一晩かけて妻の不平不満を聞くつもりで、精神的にも時間的にも余裕のある時に試みてほしい。

妻が言いたいことをすべて吐き出して、スッキリした表情になったら、次は「ごめんなさい作戦」だ。男のメンツはとりあえずかなぐり捨てて、「今まで君の気持ちに気づかなくて本当に悪かった」と心から反省して謝り、「これからは何か不満に感じた時は、その場で口に出してほしい。お互いに言いたいことや本音を言い合える関係を作っていきたい」と提案するのだ。

現実には、黙って妻の文句を聞いていられなくなって大げんかが勃発してしまったりして、なかなかシナリオ通りにはいかないかもしれない。だが、夫婦げんかになったとしても、それはそれで失敗というわけではない。大事なことは、妻の不満や怒りを真摯《しんし》に受け止めようとする態度と、夫婦間のコミュニケーションを改善したいという意思を示すことだ。

最初のうちは多少ギクシャクするだろうが、口げんかに慣れてくれれば、妻の不満や怒りのパターンも見えてくるし、お互いに本音を言い合えるようになるので、妻も夫も余計なストレスをため込まずに済む。

この作業は、正直、夫が一人で試みるのは相当な覚悟が必要だ。かなり大変ではあるが、膿《うみ》は早いうちに出しておいたほうがいい。妻が不平不満を長年ため込んだ末に離婚を切り出してきたり、いつも不満げな妻と顔を合わせるのが嫌になって帰宅困難症に陥ったりしてしまったら関係の修復ははるかに難しくなるからだ。

それと、我々夫たちが肝に銘じておくべきは、「不平不満を表に出さないタイプの妻が一番怖い」ということだ。あからさまに不機嫌な顔をしたり、自分の不平不満や怒りを夫にぶつけたりしてくれるような妻ならば、夫も「妻が自分に対して何らかの不満を抱いている」ということがわかるので、対処のしようがある。

しかし、妻たちの中には、「夫は外でがんばっているのだから、私も家のことを一生懸命やらねばいけない」「夫に対して文句を言ってはいけない」と思い、自分の不平不満を抑圧したり、夫に対して不満を抱く自分に罪悪感を抱いたりしてしまうような、生真面目な人もいる。そんなタイプの妻が、晩年になってから「復讐うつ」を発症しやすいのだ。

また、心の中では不満や怒りを募らせながらも、それをまったく夫には見せない妻もいる。表面的には夫婦円満なので、夫は家庭内に何も問題はないと思っている。だが、夫が安心している陰で、妻はひそかに熟年離婚を画策している、というケースもある。

何十年も結婚生活をともにしてきて、配偶者に対する不満がゼロという夫婦はまずあり得ない。お互い相手のどんな点に不満や怒りを抱いているのかを知っておいたほうが、長期的に見れば平和な関係が長続きする可能性が高まる。だからこそ、一度は妻の不満をすべて吐き出させることが大切なのだ。

対策7 冷蔵庫に賞味期限切れ食材を見つけたら、妻には告げず闇から闇に葬る

たまにビールでも飲もうと冷蔵庫を開けると、奥のほうから腐りかけのホウレンソウと賞味期限切れのソーセージを発見したとしよう。その時あなたは、どんな行動をとるだろうか？

おそらく一番多いパターンが、「ホウレンソウが腐りかけているよ」「このソーセージ、賞味期限が切れているけど」などと、優しく注意を促すことだろう。

しかし、これらの言葉は、妻には禁句なのである。虫の居所が悪かったら「何でそんなことまでいちいち指摘するのよ！」とキレまくるかもしれない。キレなくても、内心ムッとする妻は多いはずだ。

夫としては親切に冷蔵庫の中の状態を報告しているつもりであろうが、妻にとっては最大級の侮辱なのだ。なぜ禁句なのか、事実をそのまま報告しただけなのに、なぜ妻が激昂するのか、大半の男性はわけがわからないだろう。

専業主婦であれ共稼ぎの妻であれ、妻にとって冷蔵庫は、男性にとって重要な書類入れと同じ存在なのだ。整理整頓の得意な人を除いて、大半の人は職場の書類入れがぐちゃぐちゃの状態になっていることだろう。新しい資料や書類がどんどん積み重なっていき、地層の奥のほうから古い書類（期限切れ）がひょっこり出てきて、「しまった！　処理し忘れていた」と慌てた経験のある人は少なくないはずだ。

妻にとって冷蔵庫はまさに書類入れで、スーパーに買い物に出かけた時は、冷蔵庫のストック食材を思い浮かべながら毎日のおかずを決め、買い足す必要のあるものを考えながら買い物をする。忙しい共働きの妻であれば、お金に若干の余裕があるものだから、ついつい買い過ぎてしまう。

段取りは通常うまくいかないもので、予定していた夕食がコンビニ弁当になったり、おかずを3品作るつもりが時間がなくて2品に減ってしまったりすることは、日常茶飯事だ。

こうして冷蔵庫の中の食材は次第に余ってくるのである。忙しくて冷蔵庫をくまなくチェックする時間がないまま、使い忘れた食材が腐りかけたり、賞味期限が過ぎてしまったりすることはままある。大概は夫に知られる前に闇から闇へと葬っているが、あまりにも疲れていると処分すらできなくなる。そんな疲れた最中に、夫から冷蔵庫の惨状を指摘されると、妻がキレてしまうのだ。

妻にしてみれば、自分が隠していた罪を夫にあばかれたうえに、「おまえは冷蔵庫の中身も把握していない、食材のやりくりもできないダメ主婦だ」と非難されているような気分になる。だから激怒するのだ。

書類入れに入っていた古い書類を部下に見つかってバツの悪い思いをするのと同じだと考えれば、妻の気持ちが理解できるだろう。上司の間違いを発見したら、そっと机に書類を置いておくのが礼儀であり、わざわざ「部長、書類が棚の奥にありましたよ！」なんて無粋なことを言わないのが社会人だろう。

しかし、家ではこの社会的なルールを完全に忘れてしまい、妻に対する甘えも手伝って言ってはいけない禁句を発してしまうのである。

では、どうすればよいのか？　ズバリ、会社のマネジメントをそのまま適用すればよいのだ。さすがに腐ったホウレンソウや賞味期限切れのソーセージを黙って置いておくのは嫌みでしかない。そんな時はそっとゴミ箱に捨てるか、もったいないと思えば自分で食べてしまうことである。

そう、なかったことにしていちいち相手の失策を指摘しないのが、お互いに余計なストレスを生まない家庭のルールなのである。

対策8 アラが見えても何も言わない

時には、妻の家事のアラや手抜きが目についてしまうこともあるだろう。

つい「そろそろ掃除をしたほうがいいんじゃないか？」「最近、できあいのおかずが多くないか？」「またゴミを出し忘れただろう」などと指摘したくなるかもしれないが、ここはぐっとこらえて、何も言わないでおくのが得策だ。

我々夫たちが「男はしっかり仕事をしなければいけない」と思っているのと同じように、たいていの妻は「きっちり家事をこなさなくてはいけない」と思っている。

忙しくて家事にまで手が回らない時や、ついサボってしまった時は、誰に指摘されなくても負い目を感じている。そこに追い打ちをかけるように夫から家事のアラを注意されたら、「あなたに言われなくてもわかってるわよ！」と逆ギレされるのが落ちだ。

余計なもめ事を起こしたくなければ、妻の家事のアラや手抜きが見えても何も言わず、どうしても気になるならば、自分が代わりに片づけるなど黙ってそっとフォローしたほうがいい。

また、妻が家でゴロゴロしていたり、エステやネイルサロンに出かけるのを見ると、夫たちは「またサボっている」「無駄なことをして、くだらない」と不愉快に思いがちだ。

だが、女性にとっての美容院やマッサージ、エステやネイルなどは、男性にとってのゴルフや飲み会などと同じ。男性から見れば単なる時間とお金の無駄遣いにしか思えないが、彼女たちにとっては貴重なリフレッシュの機会であり、英気を養うために必要な充電時間なのだ。

どこがいいのか、何が楽しいのか、理解しようとしても仕方がない。ゴルフや飲み会、高いプラモデルやクルマなどの価値を妻たちが理解してくれないのと同じで、我々夫たちには妻が楽しんでいるエステやネイルなどの価値を理解できないだろう。理解しようとするからしんどいのだ。

とりあえず、妻たちがそこに価値や楽しみを見出していることは確かなのだから、余計な口出しはしないことだ。ゴロ寝をしたりエステに行ったりしてリフレッシュして、妻が機嫌良く過ごしてくれるならば、それでいいではないか。

対策9 家事は家事道。妻のやり方を守って行う

あなたは皿洗いやトイレ掃除などの家事をした時に、妻からダメ出しをされたことはないだろうか？

読者の皆さんは、「家事くらい自分もできる」と思っているかもしれない。だが、夫たちの多くは家事を甘く見すぎている。妻は家事を「仕事」として捉えている人が多い。自分なりのやり方やルールを決めて、責任を持って日頃から家事をしているため、夫が手伝ってくれても

やり方が雑だと、不満がたまるのだ。

かといって、夫が善意で手伝ってくれていることは百も承知だし、夫の家事にダメ出しをして機嫌を損ねてしまってはいけないと思っているから、なかなか不満を口に出せない。「やるならちゃんとやってよ！」とイライラしながら自分でもう一度やり直すことになるから、二度手間になってますますストレスがたまるのだ。

「俺は家事をちゃんとやっている」と自認している人は、自分が思っている「ちゃんと」のレベルが妻から合格点をもらえる水準に達しているかどうか、一度きちんと確かめておいたほうがいい。

一番いい方法は、妻に家事のやり方を教わることだ。せっかく妻や家族のためを思って家事をしても、それが妻のイライラの原因になるのでは、無駄な努力に終わってしまう。

妻が行う家事には、さまざまなマイルールがある。皿洗い一つをとっても、鍋や食器をどの順番で洗うのか、スポンジ類をどう使い分けるのか、すすぎは水を使うのかお湯を使うのか、洗い桶はどのように使うのか、食器棚に皿をどのように並べるのかなど、手順やルールは人それぞれ違う。

妻のマイルールに従って家事をやらなければ、妻からは「ちゃんとやった」と認めてもらえない。認めてもらえないどころか、「私のキッチンをぐちゃぐちゃにした」などと、自分の聖域を汚されたような不快感を覚える妻もいる。

家事のマイルールには合理的な理由に基づくものもあるが、感覚的なものも多い。家事の心得がある夫の場合は「俺のやり方のほうが効率的だ」と異論を挟みたくなることもあるだろう。だが、よほど妻の家事に落ち度があるか、自分の家事に強いこだわりがある場合を除いては、妻の家事のやり方やルールに口出しをしないほうが無難だ。

夫にとっての家事は、出向先での仕事に似ている。出向先の会社では、出向元と仕事のやり方や細かいルールが異なることがままある。

自分がこれまでいた職場の仕事のやり方やルールを出向先でも押し通すと、周囲に軋轢《あつれき》を生む。それと同じで、夫が家事に参加する場合は、家事をメインで取り仕切っている妻のやり方に従ってやったほうが無用な対立を生まずに済む。

家事は「家事道」と心得よう。茶道や華道などと同じで、流派や家元が違えば流儀も異なる。妻の下に弟子入りしたと思って、妻の家事のやり方を素直に踏襲することが、妻から合格点をもらえるコツなのである。

る家庭も多いだろう。

対策10 自分が分担した家事は「何があっても必ずやるべき仕事」と心得る

「風呂掃除は夫がやる」「ゴミ出しは夫の担当」といった具合に、夫婦間で家事を分担している家庭も多いだろう。

自分が分担した家事は、何があっても必ずやるべき「家庭内の仕事」である。たとえ飲み会で疲れて深夜に帰宅して、そのまま寝室に直行したいような状態であっても、風呂掃除を担当しているならば、翌朝出社するまでの間に風呂の掃除はきっちりやり遂げなければいけない。

家事の分担を免除されるのは、出張などで家を留守にする時ぐらいだ。「今日は仕事で疲れているから」「つい忘れてしまったから」といった理由で、「いつもやっているのだから、たまには家事をサボっても許されるだろう」と考えるのは甘い。《対策⑧》や《対策⑨》でも述べた通り、妻たちは家事を「家での仕事」と考えて、責任感とプライドを持って毎日こなしている。家事を分担する夫にも、妻と同じような責任感と真剣さが要求されるのだ。

妻にとってもっとも頭にくるのは、夫が自分で分担している家事を勝手な都合でサボったり、「いつも手伝ってあげているんだから感謝しろよな」と言わんばかりの偉そうな態度を取ったりすることだ。各自の持ち分を決めて分担しているのだから、自分に任せられた仕事をこなすのは当然だし、気分次第で勝手にサボられては妻や家族に迷惑がかかる。

妻にしてみれば、夫がやっておいてくれていると思っていた家事に穴があくと、自分の負担が増える。

あてにしていたぶんだけ落胆も大きく、余計に腹が立つ。はなから家事を何も手伝わない、何もできない夫のほうがもともと期待していないだけに腹も立たないのだ。「自分が家事を分担する」と言っておきながら、気分次第でやったりやらなかったりするタイプの夫がもっとも妻に嫌われるのだ。

日頃きちんと家事に貢献しているにもかかわらず、たまに忘れたりサボったりしただけで妻の評価は0点どころかマイナスになってしまう。こんなにもったいないことはない。一度分担すると決めたからには、自分に課せられた家事は何があってもやり抜くことが大切だ。仕事と同じ心構えで取り組もう。

対策11　プライドは捨てて、手柄は妻に譲る

妻に対する愚痴として多くの男性がこぼすのが、「自分の努力や貢献を認めてくれない」ということだ。

家族に少しでも楽な生活をさせてあげたいと仕事をがんばっているのに、妻から「働いているからって偉そうにしないで！」と怒られ、「働いて稼いでいることは、妻にとっては1点の

ポイントにもならない」と嘆く夫。家事を手伝っても、褒めてくれるどころか「毎日やるわけじゃない」「ちょっとやっただけでやった気にならないで！」と妻に責められて、意気消沈する夫。

ある男性は、「私の妻は『あなたは育児を何一つ手伝ってくれなかった。私は里帰り出産をせずに一人で大変な思いをして子どもたちを産んだ』と恨み言を言いますが、妻が出産で入院している間も産後あまり動けない時も、上の子どもの世話をしていたのは私なんですよ。それなのに『何一つ手伝ってくれなかった』というのはひどい言い分だと思いませんか？　感謝しろとは言いませんが、私なりに妻を助けてきたことは認めてほしい」と嘆く。

こうした夫たちの嘆きはもっともだ。いくらがんばっても、ダメ出しばかりではあまりにも報われない。「こちらは妻のやることなすことにアラが見えても何も言わず寛大に接しているのだから、妻のほうだってもう少し優しく接してくれてもいいだろう」と思う気持ちもわかる。

とはいえ、「俺も家族のためにがんばっているんだ」「俺は○○と△△はやっている。『何一つやっていない』というのはオーバーだ」などと主張したところで、妻が認識を改めてくれる可能性はほぼゼロだろう。

女性には、悲劇のヒロインになりたがる傾向がある。妻の「私ばかり大変な思いをしている」「夫は何もしてくれない」という言葉の真意は、「夫よりも私のほうががんばっている」とアピールをして、大変な思いをしている自分にうっとりしたいのだ。

夫婦間で「自分のほうが大変だ」と言い争っても意味がない。自分の努力や貢献を正当に認めてもらえないことに釈然としない思いはあるだろう。妻や家族のために一生懸命にがんばっているのに「何一つやっていない！」と言われては、夫のプライドも傷つくだろう。だが、そんなプライドは捨てて、手柄はすべて妻に譲ろう。「私のほうが大変だ」と悲劇のヒロイン気分にひたって、がんばっている自分に自己陶酔して、妻の気が鎮まるならそれでいいではないか。「いつもありがとう」「すまないね」と、妻をねぎらってあげよう。

ビジネスの世界では、部下に手柄を譲ることができる人が、デキる上司だ。たとえ自分が手取り足取りサポートしたおかげで部下が商談をまとめられたとしても、自分の手柄にはせずに、部下を「よくがんばった」「君のおかげで商談がまとまった」と褒める。

手柄を部下に譲ることによって、部下のやる気と自信を引き出して、チームの士気を高めることができる。チームの業績を上げるという大きな目標のために、自分が認められたいという欲を捨てることができる人が、周囲から尊敬され、慕われる上司ではないだろうか。

家庭においても同じことだ。我々には「いつも妻に機嫌良くいてもらい、家庭内の平和を維持する」という大きな目標がある。その目標実現のためなら、喜んで妻に手柄を譲ろうではないか。

デキる男は、陰の努力や我慢を表に出さず、自分の能力をひけらかすこともせず、物事をやり遂げていくものだ。家庭でも、自分がすべきことをきちんとやりながらもぐうたら亭主を自認して妻を立てるのが、デキる夫の美学なのだ。

対策12 嫁姑関係では、どんな時でも必ず妻の味方につく

自分の親と妻の意見が対立して、どちらの意見に賛成するかの選択を迫られた時や、自分の親の言動に対して妻が悪口や愚痴を言ってきた時などは、基本的には常に妻の味方につこう。嫁姑関係のいざこざを見て見ぬふりをしたり、どっちつかずのあいまいな態度をとったりしてはいけない。

結婚した時点で、夫は自分の母親よりも妻を大事にしたほうが良いだろう。同居している場合はなおさらで、妻と姑が衝突した場合、夫が間に入って妻の味方になってあげなくてはいけない。そうでないと、家の中で妻が孤立してしまうことになる。

夫が妻の肩を持たないと、妻の怒りは姑から次第に自分の味方になってくれない夫へと向か

う。「私よりもお義母さんが大事なのね」「お義母さんには口答えできないのね」と、夫に対する不満や不信感が募る一方だ。「あの時に私を守ってくれなかった」という恨みは妻の心に深く刻まれて、いつか爆発することになるだろう。姑自身よりも、姑に対する夫の態度が、妻にとっては大きな心理的ストレスや怒りの種になるのだ。

自然の順序でいけば、妻よりも先に他界するのは自分の親だ。この先一生つき合っていくパートナーである妻を大切にしなければいけないのは、自明の理。妻本人の前では、常に妻をかばい、妻の味方をすること。親には「わがままな嫁だけど、ごめんね」と、後でこっそりフォローしておけばいい。

「どんな時でも夫は必ず私の味方になってくれる」「自分の親よりも私を一番大切にしてくれている」と妻に思わせることが大切なのだ。

お互いの実家とのつき合いにおいても、妻の実家を優先しよう。帰省の際、自分の家には何泊も長居するのに、妻の実家には挨拶だけして日帰りする、といった不公平な扱いをしてはいけない。妻の実家はあれこれ気を使うので居心地が悪いかもしれないが、たまの帰省だと思って我慢して、妻には存分にくつろいでもらおう。そうすれば自分の家の帰省の時も気持良くついて来てくれるだろう。

また、妻がイラッとくる夫の言動の代表格が、「おふくろの料理のほうがうまい」など、妻と母親を比べる発言だ。ふとした時に意識せず発してしまいがちだが、妻にとってはかなり傷つくものだ。「マザコン夫」の烙印《らくいん》を押されかねないし、「私のほうがお義母さんより劣っていると言いたいのね」と恨みや怒りを抱かれることになる。わが身の保身のためにも、常に「妻が一番」「いつでも妻の味方」という態度を貫こう。

対策13 家計は妻に任せる

家計管理のやり方は、家庭によってさまざまだ。一般的には妻が家計を管理し、夫に毎月お小遣いを渡す方式が多いようだが、反対に夫が家計を管理し、妻に毎月の生活費とお小遣いを渡す方式の家庭もある。共働き夫婦の場合は、各自で自分のお金を管理し、収入から毎月一定額を生活費として出し合うケースもある。

夫婦で生活費を折半している家庭では、しばしば夫から「俺のほうが多く払わされている」という不満の声が上がる。

たとえば、ある男性は「妻も自分も収入が同程度なので、毎月決まった金額を出し合って家賃や生活費を折半しているが、食費と光熱費はなぜか全額自分持ちだ。そのうえ家族で外食やレジャーに出かけると、いつも費用は『あなたが出しておいて』と妻から言われる。どう考えても不公平だ」とこぼす。

不満を感じるのはもっともだが、私は「そんな不満を抱くくらいなら、夫婦で別会計にせずに家計は妻に任せてしまったほうがいいのではないか」と思う。

お金のいざこざは、話が出るたびにもめて、終わりがない。「俺ばかりお金を出している！」「いちいちお金にうるさい、ケチでセコい男ね！」などと不毛な言い争いをくり返すくらいなら、妻に家計をすべて任せて、毎月お小遣いをもらう方式にしてしまったほうがいい。無駄な戦いでエネルギーを消耗すると、仕事のパフォーマンスも落ちる。完全降伏したほうが楽だ。

月々の光熱費や食費など、生活にまつわる細かい支出は妻が把握している家庭が大半だろう。よほど浪費家でお金にルーズな人を除けば、一般に女性は無駄遣いを省いて節約し、コツコツとお金を貯めることが好きだ。家計の管理は、夫よりも妻のほうが向いている。

お金のマネジメントには、内向きと外向きの2種類がある。倹約（経費削減）は内向きのマネジメントで、より多く稼ぐことは外向きのマネジメントだ。内向きのマネジメントは、妻に任せておけばいい。夫はお金の細かいことを考える面倒から解放されたぶん、そのエネルギーを外に向けてお金を稼ぐことに専念することができる。

家計管理を妻に任せたら、細かいお金の使い方にいちいち口出しをしないでおこう。「〇万円以上の大きな買い物は夫婦で相談してから決める」といった大まかなルールだけはあらかじめ決めておき、日々のお金のやりくりは妻に一任してしまおう。

夫婦それぞれに、自分で自由に使えるお小遣いをきちんと確保することも重要だ。そして、お小遣いの使い道については、お互いに口を出さないこと。男性と女性では、お金をかけたい分野が違う。

男性は、飲み会や趣味の道具などにお金をかけたい人が多く、宝くじや競馬などちょっとしたギャンブルにお金を使う人も少なくないが、女性は化粧やファッション、エステ、習い事、友人との外食などにお金を使う。他人から見れば無駄遣いにしか思えなくても、本人にとっては生活の楽しみやうるおいのために欠かせない出費だったりする。

自分のお金をどう使うかについて口を挟まれるのは、誰だって不愉快なものだ。お小遣いの範囲であれば、お互い何にどうお金を使おうが文句を言わないこと。そうすれば、無用な夫婦げんかも防げるはずだ。

対策14 妻が働きに出るのを応援する

妻が専業主婦で稼ぎ手は夫だけという夫婦は、家庭内マネジメントの観点から見ても非常にリスキーだ。女性の中には「たくさん稼いでくれる夫と結婚して専業主婦になり、自分の好きなことをして暮らすのが理想の生活」と考える人もいるし、男性の中にも「自分の稼ぎで妻と子どもを養うのが男の甲斐性だ」という考えの持ち主は少なからずいるだろう。

だが、妻が専業主婦をやめて外に働きに出ることは、妻自身にとっても夫や家族にとっても、多くのメリットがある。

私は、夫源病で専業主婦の患者さんには、1日数時間のパート勤務でもいいから働きに出ることを勧めている。「夫は稼ぐ人、妻は家を守る人」と夫婦が完全に役割分担をしていることが配偶者に対する無理解を生み、夫源病を生み出す素地になっていると考えているからだ。

専業主婦の妻は働いている夫の大変さがわからないし、家のことを妻に丸投げしている夫には、妻の大変さがわからない。お互いに「仕事をしてるからって偉そうにしないで！」「家にいて家事だけしていればいいから気楽な生活だろう」と思っている。

だが、妻が自分も働きに出れば、外に出てお金を稼ぐことの大変さがわかる。ふだん夫が仕事でさまざまな苦労や我慢をしていることに気づき、夫に対する理解も深まるだろう。「夫も外ではいろいろと大変なんだな」とわかり、少しは優しく接してくれるようになるかもしれない。

また、妻が家事に加えて仕事もするならば、夫も仕事に加えて家事も分担しなければならない。夫も家事に参加すれば、仕事とは違う家事の大変さがわかる。同じ苦労を共有することで、配偶者に対する思いやりも生まれるのだ。

妻が専業主婦をやめて外に働きに出ることは、妻のメンタル面にも好影響を与える。専業主婦でいる限り、夫に養ってもらう立場からは抜け出せない。夫が上で自分が下、という主従関係になり、妻は夫から「誰のおかげで生活できると思っているんだ」と言われたら何も言えず卑屈にならざるを得ない。

だが、妻も働きに出れば、夫と対等な立場になることができる。自分で稼いだお金は、生活費の足しにすることも自分が自由に使えるお小遣いにすることもできるから、経済的にも気持ちにも余裕が生まれる。

また、妻が外に働きに出れば、家庭以外にも自分の居場所や生きがいができる。子育て以外に情熱を向けられるものがあれば、子どもが巣立った途端に生きがいを見失った主婦がうつ状態に陥る「空の巣症候群」の予防策にもなるのだ。

このご時世、たとえ正社員でも、いつ何時リストラや倒産の危機が訪れるかわからない。定年まで病気をせずに元気で働いて稼ぎ続けられるとは限らない。妻が外に働きに出れば、家計を支える柱が1本から2本に増える。

それに、妻に少しでも稼ぎがあれば、夫にもしものことがあった場合に家計の危機を多少なりとも回避できる。家計のリスクヘッジという意味でも妻が働きに出る意義は大きいのだ。

だから、あなたの妻が専業主婦ならば、私は働くことを強く勧めたい。妻が外に働きに出ると、夫も応分の家事を分担しなくてはならず一時的には負担が増えるかもしれない。

だが、長期的に見れば、家計も夫婦関係もうまくいく可能性は高い。夫は妻が働くことを全面的にサポートしよう。

対策15 育児は基本的に妻に任せて、家事と精神面のサポートに徹する

すでに子育てを終えてしまっている読者も多いだろうが、最後に夫の育児参加についてアドバイスをしておきたい。

最近、世間では「イクメン（育児を積極的に行う男性）」が新しい夫の生き方として流行しもてはやされているが、私としてはあまり賛成できない。

日本の社会システムが男性を会社人間にしているという悪習は正すべきだとは思うが、なかなかそうもいかない。仕事が忙しい30歳前後の男性たちに、「育児もがんばりなさい」と言う

のは酷な話である。

私は子育てには祖父が関わるのがもっとも好ましいと考え、祖父が孫の育児に参加する「じじ育」を推進している。まあ、夫が育児を真剣にやるのは悪い話ではないが、ほどほどにしておかないと、仕事と育児のストレスでうつになってしまうかもしれない。

夫婦の危機は実は結婚後5年以内、子どもが小さい時に訪れるようである。結婚して順調に子どもを授かり、一見幸福そうに見える時こそが危ないのだ。

厚生労働省の「平成23年度　全国母子世帯等調査結果報告」によると、配偶者と生別（離婚）してシングルマザーとなった女性1525人のうち、末の子が0～2歳の時に離婚したケースが約35％ともっとも多いことに驚く。次に多いのが、末の子が3～5歳の時で約21％を占める。

離婚にまでは至らなくても、子どもが小学校に入学する前までの時期に一気に夫婦間の溝が深まるのである。これを「産後クライシス」と呼ぶらしい。私たちはこの時の妻の状態を「パパイヤママ」と呼んでいる。文字通り、子育て中の妻が、夫（パパ）に強い嫌悪感や不満を抱いてしまう現象である。

もっともらしい評論家や育児書などが、子どもを授かった後の夫婦は愛にあふれた幸せ家族

図2　母子世帯になった時の末子の年齢階級別状況

	総数	0〜2歳	3〜5歳	6〜8歳	9〜11歳	12〜14歳	15〜17歳	18・19歳	不詳	平均年齢
平成18年 (%)	(100.0)	(31.0)	(24.9)	(13.9)	(10.0)	(7.1)	(3.3)	(0.3)	(9.5)	**5.2歳**
平成23年 **総 数** (%)	1,648 (100.0)	563 (34.2)	336 (20.4)	195 (11.8)	158 (9.6)	86 (5.2)	42 (2.5)	− (−)	268 (16.3)	**4.7歳**
死 別 (%)	123 (100.0)	28 (22.8)	18 (14.6)	19 (15.4)	19 (15.4)	18 (14.6)	6 (4.9)	− (−)	15 (12.2)	**7.0歳**
生 別 (%)	1,525 (100.0)	535 (35.1)	318 (21)	176 (11.5)	139 (9.1)	68 (4.5)	36 (2.4)	− (−)	253 (16.6)	**4.5歳**

出典：平成23年度 全国母子世帯等調査結果報告

になれるかのように宣伝するものだから、新米ママは自分が直面している現実のつらさと世間的なイメージとのギャップに苦しみ、精神的にまいってしまう。

「子育ては、夫婦にとって試練である」と宣伝してあげたほうが、当人にとってはよほど楽ではないだろうか。

そのうえ「イクメン」なんて流行してきたから、パパも大変だ。元来、男には女性ホルモンがないので母乳は出ないし、体も筋肉質でゴツゴツと骨ばっている。抱かれている赤ん坊も居心地が悪いだろう。

さらに、女性ホルモンは寛容性や忍耐強さといった精神的な特徴をもたらしてくれるが、男性ホルモンは攻撃性や積極性をもたらすホルモンなので、赤ん坊を育てるほどの忍耐力を与えてくれない。赤ん坊のささいな表情やしぐさの変化に気づき、何を求めているかを察知する観察力も、男は女性に比べると劣っている。

こんな不利な条件のオスに子育てをさせるのには無理があり、女性以上のストレスを感じるに違いない。その意味では、男性に子育てを任せるのはあまり良い方法とは言えない。下手に男が育児に関わって頭でっかちのイクメンになってしまい、妻のやることに難癖をつけるほうが、はるかに妻のストレスになる。こんなことなら、夫は妻の育児に手も口も出さないほうがましだ。

理想は「必要な時に手助けはできるが、口は出さない」というスタンスだ。育児書を読みあさって、いわゆる「良い育児」を妻に指示するのはやめておいたほうがよい。それならぐうたら亭主のほうが、まだけんかが少ないだろう。

とはいえ、妻一人にすべてを任せるのは荷が重過ぎる。では、どうすればよいのか？

まず、子育てと家事をはっきり分けることである。

私は「夫が育児に関わるのはほどほどにしたほうがいい」と考えているが、前の項でも述べた通り「家事は夫もできるだけ分担したほうがいい」と思っている。特に子育て期間中は大変だから、妻の家事の負担はできるだけ減らすべきだろう。

家事とは、炊事・洗濯・掃除を指す。子どもの世話に忙殺されていると、妻は家事が十分にできない。本人も、家事に手が回らないことに負い目を感じている。

そのうえに、夫が「食事が出てくるのが遅い」とか「最近、料理が手抜きだ」などと文句を言い、掃除が行き届かないのを非難するなんてことをすれば、妻は確実にキレる。さらに夫が偉そうに聞きかじりの育児論をぶてば、離婚は必至である。

子育て期間中は夫が極力家事を肩代わりして、妻が育児に専念できる余裕を作ることが大切だろう。簡単な食事の支度と後片づけ、洗濯物の取り込みと片づけなど、あくまでもさりげなくサポートするのがコツだ。

わざわざ、やったことを報告するなんて野暮なことはしない。最低限の家事もできない場合は、せめて食事や掃除に文句を言わないようにしたほうが平穏を保てるだろう。

妻の精神的なサポートも大切だ。核家族の場合は特に、子どもが幼い間は日中、妻は話し相手もなく家で母子二人きりの時間を過ごさなければいけない。いろいろと愚痴もたまってくる。夫としては少しでも妻の育児ストレスが解消できるように、帰宅後はできるだけ愚痴や悩みを聞いてあげるのがいいだろう。

仕事で疲れて帰ってきて妻の愚痴を聞くのもつらいとは思うが、妻は人生で初めて、しかも予測のつかないことをこなしている。育児は、仕事のように自分の経験を生かしてうまくさばくなんてことはできない。誰でも初めての仕事は思った以上に手間どるしストレスもたまるもの。お互いの悩みを吐き出しながら大変な時期を乗り越えてほしい。

育児に参加するなら休日に完全交代して、妻に自由時間を与える

さて、夫が育児に関わる際は、まず最低限のスキルを身につけることが必要だ。粉ミルクや簡単な離乳食の作り方、おむつの替え方は、必修科目だ。

「おしっこをした時のおむつは替えられるが、ウンチは無理」などと言う男性がいるが、それでは失格だ。赤ちゃんが泣き出す2大理由は「おむつが汚れて気持ちが悪い」と「お腹がすいた」なので、これらを解決できるスキルがないといけない。

また、夫向けの育児講座では、子どもの喜ぶ遊びを教えているが、実際にはあまり役に立たないことも多い。大人の仕組んだ遊びにのってくる子どもはあまりいないし、少し遊んだら飽きてしまい、勝手に違うことをやり始めるからだ。

「せっかく用意したのに、なぜ喜んで遊ばないのか」と腹を立てても仕方ない。子どもはその辺にあるものを使って、自分で工夫して遊ぶものだ。型にはめずに、子どもの言う通りに一緒に遊ぶ柔軟さが大切である。

子どもの遊ばせ方を学ばなくても、お腹がすいたら食事を用意して食べさせてあげることと、おむつを替えることさえできれば、夫だけでも何とか子どもの世話はできる。

これら最低限のスキルを身につけたら、自分一人で何時間か子守りをして、妻が育児から解放される時間を作ってあげよう。大切なことは、たとえば妻に「子どもは俺が3時間預かるから、君は休んでいていいよ」と言ったら、約束の時間になるまで、妻に助けを求めてはいけない。何が何でも、一人で子守りをやり遂げる。子育て最前線に取り残されて、妻の援軍を待つ戦士の心境で取り組もう。

子どもがウンチをしては妻に助けを求め、服が泥だらけになったからといっては携帯で呼び出すような中途半端な子守りは必要ない。たとえ、その3時間に妻が隣室で昼寝をしていたとしても、自分だけで何とか解決して、妻を起こすことはしない。「妻の昼寝のために、なぜ俺が犠牲にならなければいけないのか」といった考えは捨てることだ。

育児は戦争と同じで、妻と夫はともに戦う同士である。妻が疲れていては、育児という戦争に打ち勝つことはできない。どんな戦いにも休息は必要だ。夫婦が中途半端に関わって二人とも疲れ果ててしまったら、まともに戦えない。野営でも誰かが見張り番をして、ほかの兵士たちは休息を取るのがあたりまえである。これが戦いを生き抜く戦略である。

仕事ではわかったつもりでも、肝心の家庭ではまったく実行できないのはおかしい。身内への甘えがあるだけで、やればできるのである。

子どものお守りを3時間しっかりやり遂げれば、その後は完全に妻に任せて好きなことをすればよい。中途半端に妻の手を借りていたら、変に気を使うことになる。しっかり責務を果たせば、その後は堂々と好きなことができる。

「妻の買い物や友人との会食のために、何で俺が子守りをしなきゃいけないんだ」と思うだろうが、育児を離れて自由な時間を楽しむことで妻の精神的ストレスが軽くなり、産後うつ状態になる確率も減るだろう。

もし、妻が煮詰まって産後うつになった後の家庭を想像してみてほしい。うつ状態の妻と、まだ乳離れしていない幼子を、仕事と家事をすべて自分一人でこなしながら世話することになるのだ。それならば、数時間の子守りのほうがはるかに楽ではないだろうか。それに、妻がリフレッシュできれば、自分も気兼ねなく堂々と飲みに行ったり、趣味を楽しんだりすることができる。

また、自分も育児をやっているのに、妻の評価がイマイチなことに釈然としない思いを抱いている夫も多いだろう。

育児をやればやるほど妻の怒りが増すのは、そのやり方にも原因がある。無駄な努力ほど空しいものはない。最小の努力で最大の効果を引き出すのが、「できる男」というものだ。

育児で重要なのは、イベントよりも持続力だ。毎週末、家族揃って遊びに出かけるよりも、週末は半日でも2〜3時間でもいいから妻を自由にさせてあげるほうが、よほど妻にとってはリフレッシュできるし、喜ぶだろう。

妻の育児ストレスを軽減するにはどうすればよいか。夫婦二人の戦力をいかに配分すれば育児という戦いを切り抜けられるのか、という視点で子育て期の家庭内の戦略を立て直そうではないか。

以上が私が提案する家庭内マネジメント戦略の具体策だ。15の対策を一度にすべて実行に移すのは難しいだろうから、無理のない範囲で、できる項目から実践してみてほしい。

これから結婚する人や新婚の人は、夫婦間の無用ないざこざを防ぎ、少しでも快適な結婚生活を送るための秘訣として、これらを是非心に留めおいてほしい。

次の章では、定年後の家庭マネジメントについてみていこう。

定年を境に、男の人生は大きく変わる。退職して家にいる時間が増えたら、妻とどうつき合えばいいのか。仕事という大きな生きがいを失った後の人生をどのように過ごせば、楽しく生きられるのか。定年後の夫婦関係のあり方と男の人生について考えていきたい。

第四章 定年後の家庭内マネジメント

「定年後は、妻とのんびり過ごす」は男の理想に過ぎない

あなたは定年後、どんな生活を送りたいと思い描いているだろうか？　仕事をリタイアした後は、毎朝の通勤ラッシュから解放され、日々の業務や売り上げ目標などの数値に追い立てられることも、職場のわずらわしい人間関係に頭を悩まされることもなくなる。まさに「毎日が日曜日」状態で、何時に起きようと日中に何をしようと自由だ。

60歳で定年退職した後、男性の平均寿命である約80歳まで生きると仮定すると、定年後の自由時間は約8万7600時間にも及ぶ（睡眠時間と食事・入浴・トイレなどの時間を除いた1日の自由時間を12時間として計算）。

日本人の正社員の年間総労働時間が2000時間程度なので、この8万7600時間は約44年ぶんの労働時間に匹敵する。65歳まで働いたとしても、定年後の自由時間は約6万5700時間もある。この膨大な自由時間をどのように過ごすかは、人生の大きなテーマなのだ。

定年が近くなった男性に「定年後はどうなさいますか？」と尋ねると、ほとんどの人が開口一番、「のんびりしたい」と答える。40年近くも仕事ひと筋で突っ走ってきてクタクタになっているだろうから、「定年を迎えたら何も考えずにのんびりしたい」という気持ちになるのは、十分理解できる。

だが、彼らに「のんびり何をなさるのですか？」と畳みかけると、たいていの人が口ごもったり、苦笑いしたりして、具体的な事柄がなかなか挙がってこない。せいぜい「妻と一緒に、いろんな土地を旅行したい」「家で妻とのんびり過ごしたい」といった答えが返ってくる程度だ。

これまで仕事で忙しくて家庭をあまり顧みてこなかったから、その罪滅ぼしの意味も含めてリタイアして暇になったら妻と二人の時間を充実させたい、「第二の新婚」気分で夫婦水入らずでのんびり過ごしたい、などと夢見ている男性は多いようだ。

彼らの頭からスッポリと抜け落ちているのが、当の妻はどう思っているのか、という妻の思いに対する想像力だ。何の疑問もなく、妻も自分と同じように「定年後は夫婦でのんびり暮らしたい」と望んでいるはずだ、と思ってしまうところが、男性ならではの救いがたい鈍感さだ。

はっきり結論を言おう。**「定年後は妻とのんびり過ごす」は、男の理想に過ぎない。**ほとんどの妻は（そしておそらくあなたの妻も）、定年後いきなり家庭に回帰して、夫から「これからは夫婦水入らずでのんびりしよう」と言われる事態をひそかに恐れているのだ。悲しいことに、彼女たちの本音は「仕事を辞めた後、夫がずっと家にいると思うとゾッとする」「うざくてたまらない」だ。

いずれにせよ、平日の大半の時間を過ごしていた職場という居場所を失った定年後の生活では、家で妻と顔を合わせる時間が増える。定年後、夫は妻とどのようにつき合えば、お互いできるだけストレスや負担を感じずに平和に夫婦を続けていけるのだろうか。

この章では、定年後の家庭マネジメントを考えていきたい。

妻は定年後も「亭主元気で留守がいい」生活が続くことを望んでいる

定年後の生活に抱く思いは、夫と妻ではっきりと温度差がある。夫婦間の意識ギャップを明らかにするために、アンケート調査の結果をいくつか紹介しよう。

２０１２年に65歳を迎える団塊世代（１９４７年生まれ）の男性２００名と、彼らを夫に持つ女性１００名を対象に行った「退職リアルライフ調査〜団塊ファーストランナーの65歳からの暮らし〜」（電通総研・２０１２年）では、「65歳の暮らしで不安なこと」（図３）という問いに対し、男女間で回答に食い違いが現れている。

最大の不安は男女ともに健康に関する事柄だが、妻は夫が時間を持て余したり、夫婦二人きりで過ごす時間が増えて夫を煙たく感じることに不安を覚えている。

年金生活に入って「夫婦二人で向き合うことが増えること」に不安を感じる夫が５％に過ぎないのに対し、妻は12％。「一人で外出しづらくなること」が不安と回答した割合は、夫はわ

図3　65歳の暮らしで不安なこと

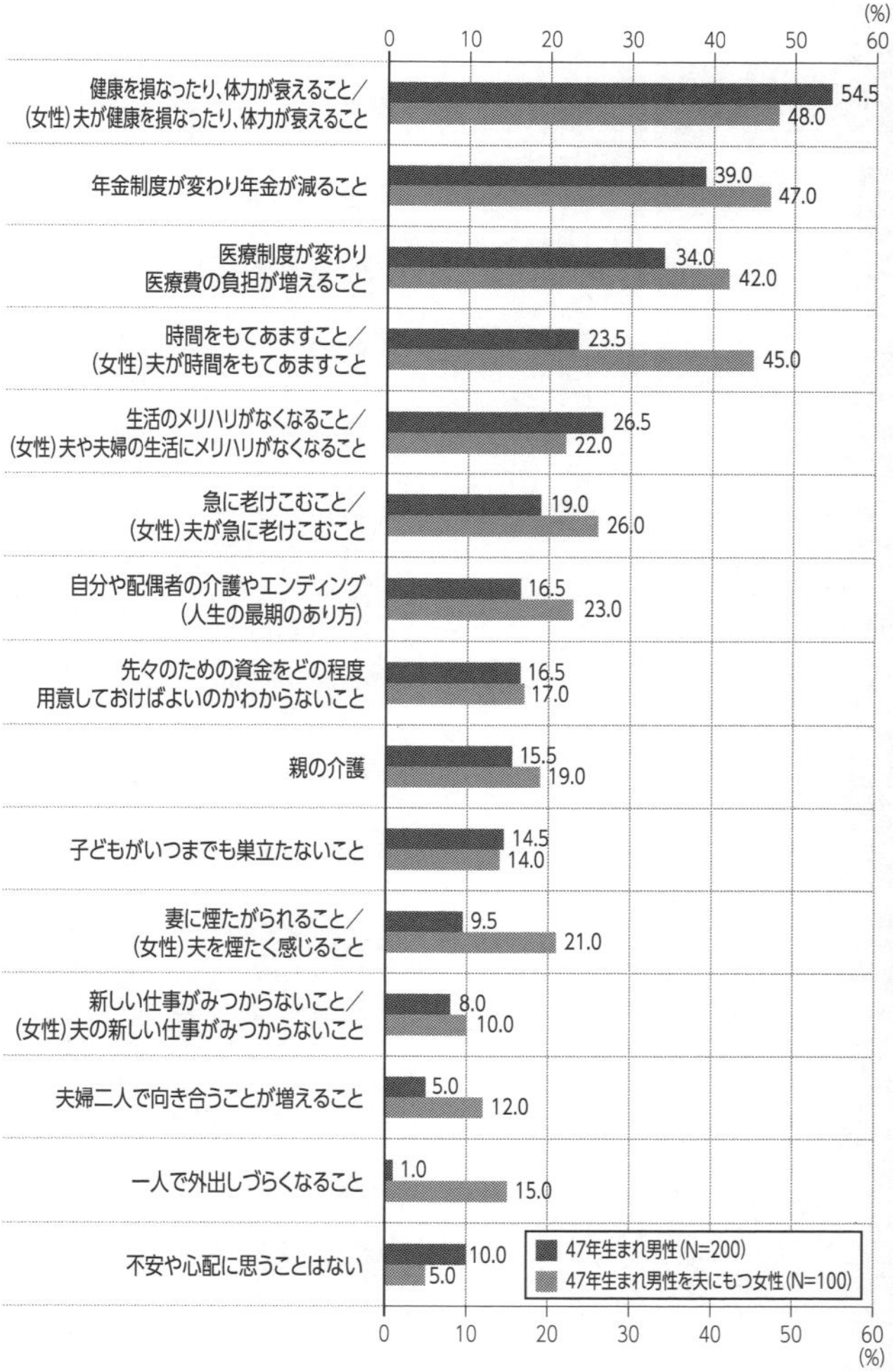

出典：2012年電通総研「退職リアルライフ調査～団塊ファーストランナーの65歳からの暮らし～」

ずか1％だが、妻は15％だ。

定年後、時間を持て余した夫が自分の外出について回ったり、家でゴロゴロしている夫の世話のために自分一人で自由に外出しづらくなることを、妻は恐れているのだ。

また、この調査では夫が65歳以降も働くことに対して夫の72％、妻の75％が賛成している。夫婦ともに生涯現役志向で、妻のほうがより強く「亭主元気で留守がいい」生活が続くことを望んでいると言えるだろう。

定年後も夫が働き続けることを望む背景には、収入の安定や夫があり余る自由時間を持て余してしまうのを防ぐため、という理由も大きいだろうが、「いつも家で夫がゴロゴロしているような生活は嫌！」というのが、妻たちの本音だろう。

「定年後の生きがいは配偶者」と思っているのは夫だけ

定年後の生活で、あなたが大切にしたいと思っている人は誰だろう？　やはり真っ先に思い浮かぶのは、妻の顔ではないだろうか。しかし、妻も自分と同じように「老後の一番大切なパートナーは夫だ」と考えていると思ったら大間違い、という悲しい調査結果を紹介しよう。

「定年（60歳以降の生活）についての本音・実態調査」（@ｎｉｆｔｙ何でも調査団・２０１２年）では、男女３６０７名を対象に「定年後の生きがいは？」（図４－１）という質問をしている。

図4-1　定年後の生きがいは?（複数回答可）

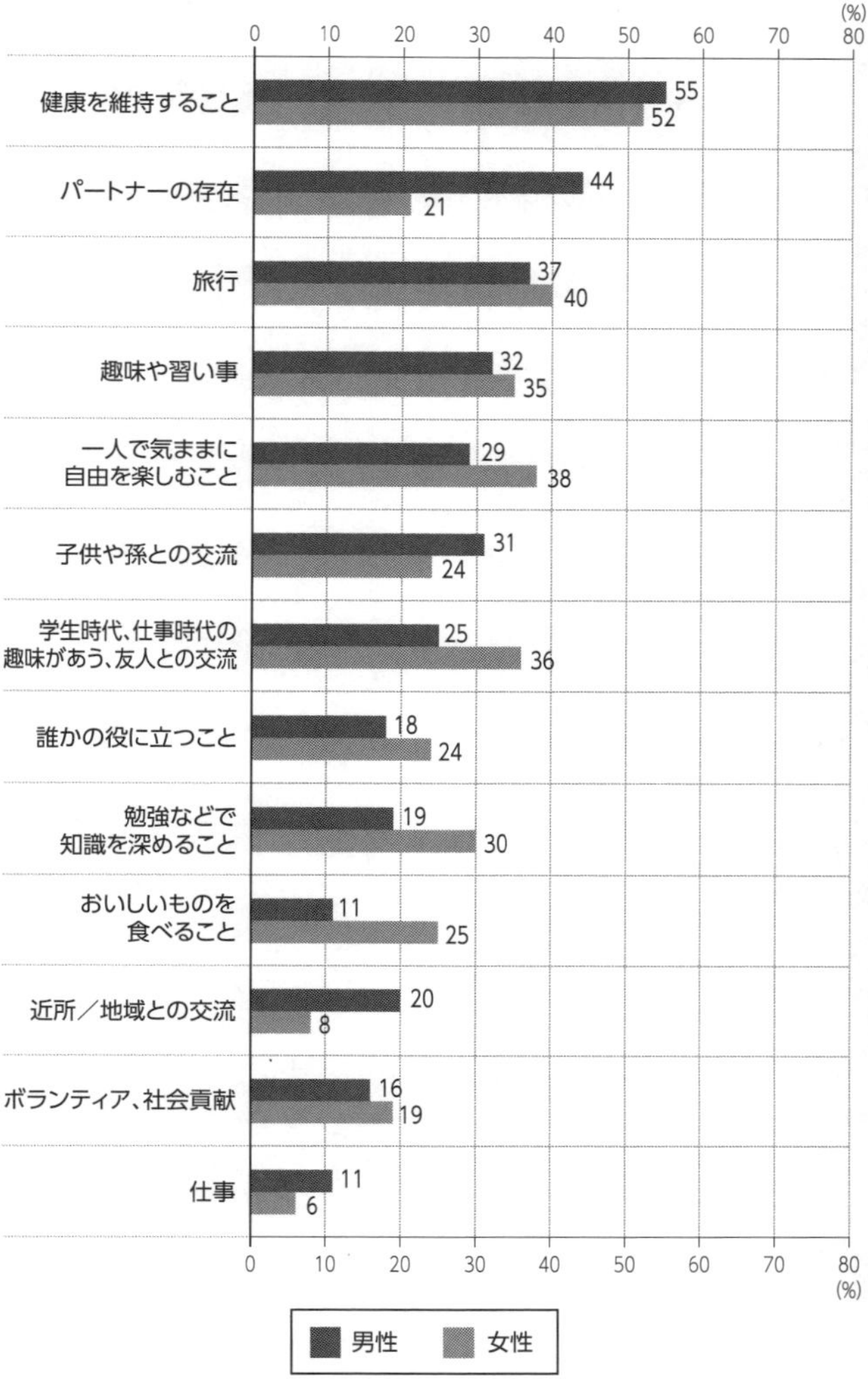

(%)
0
10
20
30
40
50
60
70
80
健康を維持すること
55
52
パートナーの存在
44
21
旅行
37
40
趣味や習い事
32
35
一人で気ままに
自由を楽しむこと
29
38
子供や孫との交流
31
24
学生時代、仕事時代の
趣味があう、友人との交流
25
36
誰かの役に立つこと
18
24
勉強などで
知識を深めること
19
30
おいしいものを
食べること
11
25
近所／地域との交流
20
8
ボランティア、社会貢献
16
19
仕事
11
6
男性
女性

図4-2 定年後は誰とつながっていると良い？(複数回答可)

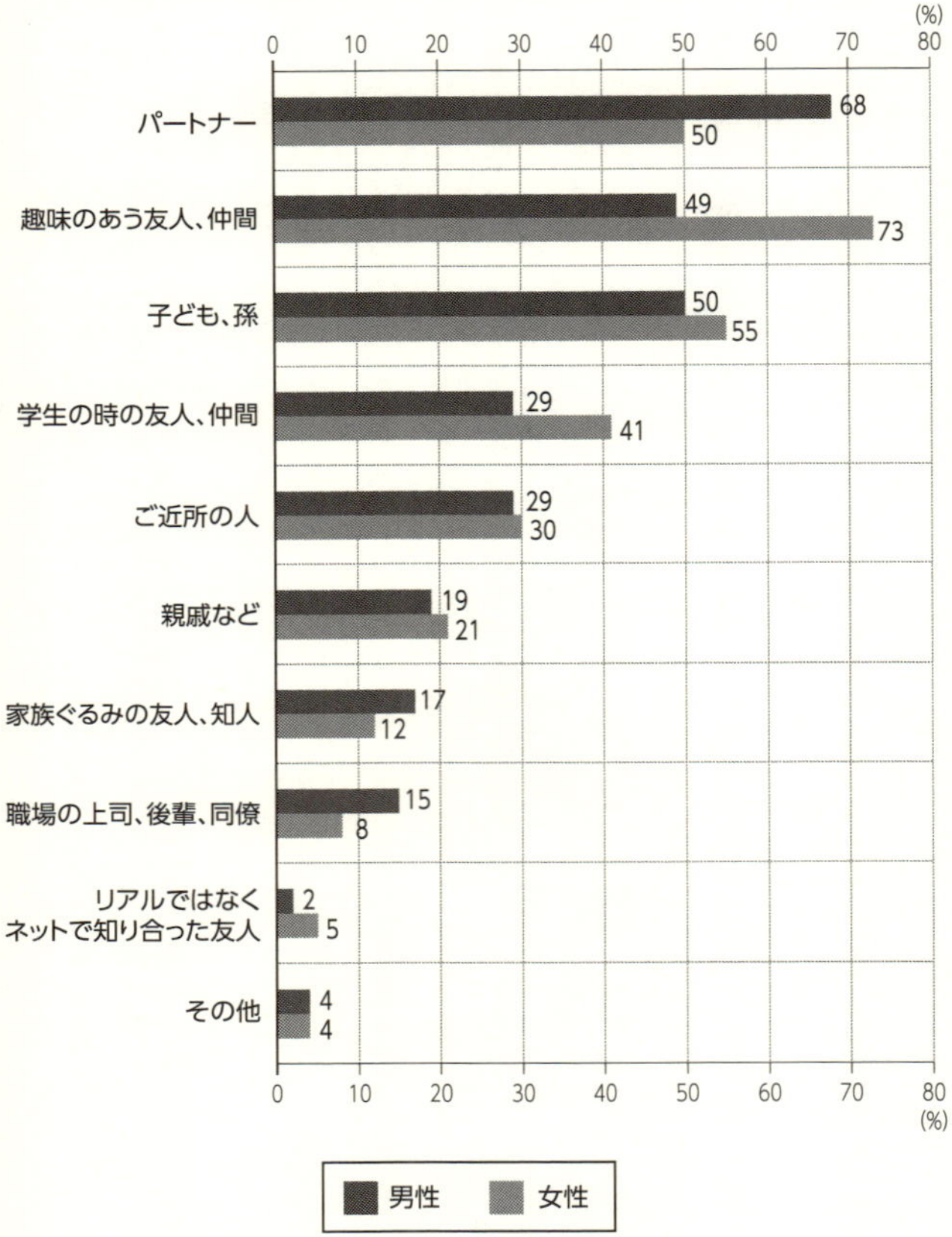

出典：2012年「定年（60歳以降の生活）についての本音・実態調査」［前編］　nifty何でも調査団

定年後の生きがいは「パートナーの存在」と答えた男性が44％に上ったのに対し、女性では半分の21％。パートナーの存在よりも、「一人で気ままに自由を楽しむこと」（38％）や、「学生時代、仕事時代の趣味があう、友人との交流」（36％）、「勉強などで知識を深めること」（30％）、「趣味や習い事」（35％）などのほうが生きがいとして上位を占めているのだ。夫たちは長年連れ添ってきたパートナー（配偶者）ばかりに目が向いているが、妻たちは家の外の世界に生きがいを求めている、というのが現実なのだ。

この調査では、「定年後は誰とつながっていると良い？」（図4－2）という質問もしている。すでに想像はつくだろうが、ここでも女性たちはパートナーをさほど重要視していない。

男性は、定年後につながっていたほうがいい人として「パートナー」と答えた割合が68％とトップを占めたが、女性では1位が「趣味のあう友人、仲間」（73％）。2位が「子ども、孫」（55％）、3位が「パートナー」（50％）だ。

「定年後は妻を大事にしたい」「妻と一緒に過ごす時間を充実させたい」という夫たちの思いは、一方通行に過ぎないことがおわかりいただけるだろう。

だが、これを一概に「女性とは何と冷たい生き物なのか」と責めないであげてほしい。夫たちは果たして現役時代、「リタイア後は夫とのんびりしたいわ」と妻たちに思ってもらえるような態度で接してきただろうか？　これまで妻をないがしろにしてきて、定年後にいきなり

「これから暇になるので、仲良く一緒に暮らしましょう」と言われても、妻にとっては「何を今さら?」という感じだろう。

夫が仕事三昧で家を留守にしていた間、妻たちは夫がいなくても楽しく快適に暮らせる地盤固めを着々と進めてきた。新婚当初は帰りが遅い夫を待ちわびていたかもしれないが、家には寝に帰るだけで、夫婦の会話も減ってろくに相談にも乗ってくれない夫にやがて見切りをつけて、妻たちは地域や趣味の仲間を増やしたり、習い事で外出したりと家庭の外に楽しい居場所をたくさん作り、自分なりのライフスタイルを築いている。

定年後、夫が家に戻ってくることは妻にとっては自分の自由な時間と空間を脅かされることを意味するのだ。

妻は老後、お互い干渉せず自由に過ごしたいと望んでいる

もう一つ、夫たちにとってショッキングなアンケート結果をご紹介しよう。住宅メーカーのパナホームが2011年に実施した「セカンドライフに関する生活者調査」では、55～65歳の男女1000名を対象に、「配偶者に求めたいこと」を尋ねている。143ページの表(図5)に、夫・妻がそれぞれ配偶者に求めたいことのベスト10をまとめた。

図5　配偶者に求めたいこと（複数回答）

○ 夫が妻に求めたいこと

1位	健康に気をつけてほしい	52.2%
2位	長生きしてほしい	38.8%
3位	のんびり、好きなことをしてほしい	36.6%
4位	趣味、生きがいを持ってほしい	31.0%
5位	お互い干渉しないで、自由に過ごしたい	25.0%
6位	身体が衰えたらお互いに助け合って生活したい	24.2%
7位	家でいつも機嫌よくしてほしい	22.2%
8位	共通の趣味など一緒に過ごす時間を持ってほしい	19.4%
9位	いつも身ぎれいにしてほしい	18.0%
10位	子どもや孫と良好な関係を持ってほしい	15.4%

○ 妻が夫に求めたいこと

1位	健康に気をつけてほしい	56.8%
2位	お互い干渉しないで、自由に過ごしたい	42.8%
3位	趣味、生きがいを持ってほしい	41.4%
4位	のんびり、好きなことをしてほしい	34.0%
5位	長生きしてほしい	33.8%
6位	いつも身ぎれいにしてほしい	31.8%
7位	身体が衰えたらお互いに助け合って生活したい	29.8%
8位	自分の身の回りのことは、自分でしてほしい	29.2%
9位	家事を分担してほしい、手伝ってほしい	28.6%
10位	家でいつも機嫌よくしてほしい	23.8%

出典：2011年パナホーム「セカンドライフに関する生活者調査」

夫が8位で「共通の趣味など一緒に過ごす時間を持ってほしい」と言っているのに対し、妻の回答では10位にも入っていない。それどころか、夫に「趣味、生きがいを持ってほしい」（3位）と、突き放している。

「お互い干渉しないで、自由に過ごしたい」（2位）というのが妻の切なる望みなのだ。8位にランクインしている「自分の身の回りのことは、自分でしてほしい」などの意見も併せて考えると、妻が夫に自立を求めていることがよくわかるだろう。

温泉旅行は夢見るな

定年後は妻と一緒に過ごしたい夫と、お互い干渉せずに自由に過ごしたいと望む妻。夫婦間の意識のギャップを認識していないと、定年後の夢が打ち砕かれるだけでなく、老後の夫婦生活が双方にとって不幸なものになりかねない。

読者の皆さんに特に警告しておきたいのは、「夫婦水入らずの温泉旅行は夢見るな」である。「退職したら妻と一緒にのんびり旅行に出たい」と夢見ている男性は多いことだろう。実際、先に紹介した「退職リアルライフ調査～団塊ファーストランナーの65歳からの暮らし～」調査でも、「定年退職を契機にしたこと」の第1位に「夫婦での旅行」（39％）という答えが挙がっている。

気のきいた子どもから「お父さん、長い間お勤めご苦労さまでした」と、退職記念に夫婦旅行をプレゼントされるケースも少なくない。「現役時代に長年、お世話になった妻への恩返しのために旅行に連れて行きたい」と考える夫もいる。

しかし、第二章でも述べた通り、男性が好む旅行スタイルと、女性が望む旅の過ごし方は大きく異なる。プランをきっちり立てて観光スポットをくまなく制覇したい男性に対し、女性はその時の気分次第で寄り道したり、気に入ったスポットには長居したりして自由気ままに旅を楽しみたいと思っている。気の合う仲間同士であれば、おしゃべりを楽しみながら自分たちのペースで楽しく旅ができるが、夫が一緒だとそうはいかない。夫のペースに合わせざるを得ず、夫に振り回されて疲れてしまうだけだ。

あらかじめスケジュールが決まっていて、集団行動が原則のパッケージツアーやバスツアーであれば、まだ妻にとっては逃げ道がある。夫と会話がはずまなければ、ほかのツアー参加者や添乗員と仲良くなればいいし、次はどこへ行くか、何をするかを夫婦でいちいち話し合って決める必要もないからだ。たとえ旅行中、夫婦の間に冷たい風が吹いていたとしても、ツアーに参加しさえすれば夫婦旅行の格好はつく。

ただし、夫婦二人きりでゆっくり過ごすことが目的の温泉旅行などの場合、そうはいかない。普段家にいてもろくに会話のない二人が、旅に出たからといって急に会話が復活するわけでもない。夫はのん気に温泉でくつろいでいても、妻は「やっぱりこの人と旅行しても楽しくないわ」と、ひそかにため息をついているかもしれないのだ。

あるいは、旅の間じゅう二人きりでずっと行動をともにするうちに小さなイライラが積もり積もって、ささいなことから大げんかが勃発することもある。成田離婚ならぬ、フルムーン旅行がきっかけで熟年離婚の危機ということにもなりかねない。最近人気のクルーズ旅行も温泉旅行と同様、夫婦二人きりでずっと顔を突き合わせることになるので要注意だ。

最初の何回かは（内心うんざりしながらも）妻が旅行につき合ってくれたとしても、夫が「老後の趣味は夫婦旅行」と決め込んで次から次へとパンフレットを集めてきて、「今度はドイツに行きたい」「秋になったら京都に紅葉を見に行こう」などと頻繁に旅行に連れ回されたのでは、妻はたまったものではない。そのうち、「旅行したいならあなた一人で行ってきて！」と拒否されてしまうだろう。

「オシドリ夫婦」を目指すのは間違い

本章の冒頭で、定年後の生活に関する夫婦間の意識ギャップを示すデータをいくつか紹介した。夫婦間の意識ギャップが生じるのは、夫は自分たち夫婦の現状に即さない夢を見ていて、妻のほうが現実をきちんと見ているからだと思う。

よく「年をとったら夫婦仲良く一緒に過ごすのがいい」と言われる。私は、こんなことは旅行会社か何かが宣伝用に作ったイメージであって、現実とはかなりかけ離れた世迷言《よまいごと》だと思っている。こんな幻想を信じてはいけない。「オシドリ夫婦」と評判だった芸能人カップルが突然離婚、というニュースもよく目にするではないか。世間的には「仲良し夫婦」のように見えても、実態はどうなのか本人たちにしかわからない。商売として「仲良し夫婦」を演じているだけかもしれない。

そもそも性ホルモンの分泌は年齢とともに減少していくのだから、結婚後、何十年経っても新婚気分で「年をとったけど、今もラブラブ」というのは稀《まれ》なケースだろう。

もちろん、自然に夫婦仲がいいなら、それは何も問題ない。うらやましい限りだ。私が論じたいのは、これまですれ違いの生活を続けてきた夫婦が、定年を機に仲良くする努力をしたほうがいいのか、ということだ。

私の答えは「NO」である。夫婦なんて所詮は赤の他人なのだから、そこそこうまくいけばいいのであって、一緒に暮らす以上はお互い多少の妥協は必要だが、無理をして、ストレスをため込んでまで努力して仲良くする必要はないと思う。人間は年をとればいっそうわがままになることが多く、「晩年も夫婦仲良く」はなおさら困難になる。

「夫婦はいつも仲良くあらねばならない」などと、むやみに高い理想を掲げてがんばる必要はない。「お互い一緒にいて都合の悪いこともないし、それならこのまま一緒にいようか」と思える程度の、ぼちぼちな関係でいいのではないか。

二人でいたって大してプラスにならなくても、「お互いそばにいて気楽だし、マイナスにもならない」というなら、十分、夫婦関係を続ける理由になる。

定年後の夫婦関係で取り組むべき努力の方向性は、「夫婦仲良く一緒に」ではなく、「お互いに気が楽な関係」が正解だと思う。重要なのは「お互いにとって気が楽かどうか」という点なのだ。自分にとっては気が楽なことでも、妻にとっては負担やストレスになるようなことは、できるだけしてはいけない。お互いに本音をぶつけ合って、自分たちにとってちょうどいい夫婦関係のあり方を模索していってほしい。

そもそも、仲良し夫婦の象徴であるオシドリは、実は一生つがいで添い遂げるわけではない、という話もある。オスのオシドリがメスと一緒にいるのは繁殖期の前半だけで、メスの産卵とともに夫婦は解消してしまう。メスの育児をオスが手伝うことはせず、次の繁殖期には別のメスとつがいを組むという。

オシドリの本当の生態は私にはよくわからないが、これが本当だとしたら、「オシドリ夫婦」こそ危険な夫婦関係だと思う。上辺だけは仲良さそうに見える夫婦、あるいは仲良し夫婦を演じている仮面夫婦だからだ。世間からは「いつまでも仲良しでいいですね」と褒められても、本人たちが無理をしているのでは意味がない。

お互いの生活ペースを尊重し合う

定年を迎えて家で過ごす時間が長くなると、現役時代には目にすることのなかった平日の日中の妻の生活パターンが見えてくる。

「専業主婦だから、妻は家にずっといて家事をしているだろう」なんて思ってはいけない。家事は早々に片づけて、午後は仲の良い近所の家に遊びに行ったり友達と連れ立ってランチに出かけたり、趣味の会に顔を出したりと妻が家を留守にして出かける機会が意外と多いことに驚く夫は少なくない。

中には、「あまりにも頻繁に妻が買い物に出かけるので、もしかして不倫をカムフラージュしているのではないか、と勘ぐったこともある」とおっしゃった男性もいる。

妻のほうは以前から同じような行動パターンだったのに、夫が気にかけていなかった、妻が何をしているのか興味さえ持たなかっただけのことなのだ。自分が働いている間は妻がどこで何をしていようと興味はなかったのに、リタイア後に自分が家にいるようになったら急に妻の行動が気になり出すなんて、ちょっと身勝手な話だ。

外出せず家にいる時も、家事の合間にテレビを見ながらくつろいだり、昼寝をしたりと、妻は自分のペースで過ごしている。

家でどんな過ごし方をしていようと、それは妻が長年の生活の中で作り上げてきた、本人にとって一番心地好い生活ペースなのだ。夫が余計な口出しをしたり、うるさく詮索したりすると、妻は夫から常に束縛・監視されているように感じて気がめいる。

自分の立場に置き換えて考えてみるといい。仲間と飲みに出かける時、「何の飲み会なの?」「誰と一緒に行くの?」「どこのお店に行くの?」「何時に帰ってくるの?」と妻から根掘り葉掘り聞かれたら、うっとうしく感じるはずだ。自分がされて嫌なことは妻にもしてはいけない。

女性の患者さんのカウンセリング中、終了予定時刻ぴったりに携帯電話が鳴ることが時々ある。電話の主は夫で、「もう診察は終わったのか」「何時に帰ってくるのか」という用件だ。こんな状態では、妻はおちおち寄り道もできない。夫は妻を心配しているつもりかもしれないが、妻にとっては束縛以外の何物でもない。

また、家にいる時に起こりがちなパターンが、妻の寝る時間や起きる時間などについて「もう遅いから、そろそろ寝たほうがいいんじゃないか」「昼寝をしていたら、夜に眠れなくなるからやめたほうがいい」「あまり長風呂をすると、疲れるからよくない」などと口を出すことだ。夫にしてみれば、妻の体を気遣っての発言かもしれないが、本人にとっては余計なお世話なのかもしれない。夫が寝静まった後に好きな本や録画したドラマを一人でゆっくり楽しみたい、夫に邪魔されずに一人の時間を過ごしたいなど、妻の思いはそれぞれだろう。

何時に寝て何時間睡眠をとると体調がいいかは人それぞれ違うし、お腹のすく時間帯も見たいテレビ番組も人それぞれ違う。他人のペースに合わせて生活するのはつらいものだ。お互いの生活ペースを尊重し合い、自分の生活時間やペースに妻を合わさせようとしないことが大切だ。

家の中で夫婦それぞれ「自分だけの空間」を確保する

お互いの生活ペースを邪魔しないために、夫婦それぞれ個室を持つのもいいアイデアだ。子どもが独立した後、自宅に普段使わない余り部屋ができた家庭も多いだろう。子どもが帰省したときの客室用に部屋をとっておくのではなく、リタイアを機に自分たちにとって一番快適な部屋の使い方を考え直したほうがいい。

夫婦で寝室を別々にするのもいいだろう。こうアドバイスすると、女性は賛成する人が多いが、男性は「夫婦仲が悪いように見えるから嫌だ」と反対する人が少なくない。だが、最優先すべきは「仲良し夫婦」という世間体ではなく、夫婦がお互いに無理をせず快適に暮らせる環境をいかに整えるかだ。

睡眠時間や好みの睡眠環境は個人差がとても大きく、生活の中でも特に他人のペースに合わせるのが苦痛になる事柄の一つだ。夫婦どちらか一方が早起きで、もう一方が宵っぱりの場合、寝ている最中に相手の物音で目が覚めてしまったり、一方が起きているため寝室を暗くしてもらえず、なかなか眠れなかったりするなどの不都合が起こる。

男性と女性では快適に感じる室内温度が異なるため、夫が冷房を効かせ過ぎて妻が冷えに悩まされるケースもよくある。「夫のいびきや歯ぎしりがうるさくて眠れない」というのも、女性によくある悩みだ。

夫婦で寝室を別にすれば、こうした睡眠に関するミスマッチから起こる夫婦のいざこざを防ぐことができるし、自分にとって理想的な時間や環境で睡眠をとることができる。夫婦がそれぞれ独立した「自分だけの空間」を持つことによって、かえって二人で過ごす時間が大切に思えるようになり、夫婦仲が良くなった、というケースも多い。

アメリカ、ピッツバーグ大学医学部のウェンディ・トロクセル教授が夫婦の睡眠時間の長さと結婚生活における対話の関係について調べた研究によると、妻が前日になかなか寝つけずに睡眠不足だった場合は、翌日に夫婦げんかをする確率が高かった一方、夫が睡眠不足の場合は、夫婦げんかの確率に変化はなかったという。妻が毎晩ぐっすり安眠できることは、夫婦げんかの予防にも役立つのだ。

自由な時間が増える定年後は、夫も家にいる時間が長くなり、自宅で夫婦が顔を突き合わせる時間も長くなる。親兄弟などどんなに親しい身内であっても、四六時中一緒にいたら次第にうっとうしく感じるものだ。夫婦でも同じことがいえる。

夫は定年後、「いつも妻と一緒にいること」よりも、お互いのペースを邪魔せずに気持ち良く共同生活を営めるような「妻とのうまい距離の取り方」を模索してほしい。

以前、ある雑誌の記事で70代ご夫婦の興味深い実例を目にした。

彼らはリタイア後に田舎暮らしを夢見て、東京の自宅を売却してリゾートの高齢者向け住宅に移り住んだ。ここまでならよくある話だが、その高齢者向け住宅には夫婦二人暮らし向けの間取りの住戸が用意されているにもかかわらず、彼らはワンルームの住まいを2戸購入し、別々に暮らしているのだ。

「自分だけの空間と時間を作って、自分がやりたいことをして暮らしたい」という奥さんと、

「僕は夜7時過ぎには寝てしまうので、生活の時間帯が妻とは違う」というご主人にとって、夫婦それぞれ別の部屋を確保することは移住の必須条件だったという。

ご主人が「妻の考えを聞いて、『新しいところで何か始めるのもいいかな』と思うようになった。一人にされても困るし、彼女についていくことにしました」と語っていることから推測すると、この住み替えは奥さん主導で決まったのだろう。

だが、別の家で生活しているからといって、このご夫婦は決して仲が悪いわけではない。お互いの家をちょくちょく行き来したり、夫婦の共通の趣味であるガーデニングを一緒に楽しんだりしているという。このご夫婦にとって、二人が自立しながら仲良く暮らせる最適な距離が、高齢者住宅敷地内の隣接した別々の家だったのだろう。

私は、熟年夫婦が「スープの冷めない距離」で暮らすのは悪くないと考えている。夫婦だからといって無理に同じ屋根の下で生活し続ける必要はないし、隣町で別居したり、自宅の敷地が広ければ夫婦が独立して暮らせるように建て替えるのもよいだろう。

夫婦が離れて暮らすことでお互い依存せずに済み、また、心地好い距離をとり合いながらうまく助け合っていくことができる。無理に同居を続けて相手のことが決定的に嫌になり、離婚沙汰になるよりは、愛情があるうちに距離をとるほうが賢明ではないだろうか。

妻とは別の趣味と居場所を作ろう

「晩年は夫婦で共通の趣味を持ったほうがいい」といったアドバイスをする人がいるが、私は大反対だ。これといった趣味がなく、定年後に時間を持て余している夫が、妻が参加している趣味の会が楽しそうだからといってついて行こうとすることがある。これだけは、絶対にやめておいたほうがいい。妻は、気の合った仲間同士で楽しんでいるのだ。そこへ夫が参加すれば、会の雰囲気はたちまち壊れてしまう。

第二章でも述べた通り、女性はグループレッスンが好きで、その主目的はレッスンを受けている習い事の上達ではなく、仲間で同じことをやりながらおしゃべりを楽しむことなのだ。レッスン中は私語を慎んでいる場合でも、レッスンの前や後に友達とお茶をしながら話に花を咲かせるのが最大の楽しみだったりする。

おそらく男性は、彼女たちの会話にうまく入っていけないだろう。会話の内容も、男性にとって特に興味が持てないことが大半だと思う。最初の1、2回は、妻の仲間たちから「仲のいいご夫婦でうらやましいわ」などとお世辞を言ってもらえるかもしれない。だが、会への乱入が度重なると、次第に邪魔者扱いされるようになるのは確実だ。

たとえ黙って聞いていたとしても、その場に男がいるだけで何となく会話が弾まなくなるからだ。お互いの夫の悪口や愚痴など、メンバーの夫がいては話しづらい話題もある。

さらに最悪なパターンは、おしゃべりばかりしているメンバーたちに夫がイライラして、「無駄なおしゃべりをやめて、もっとがんばってやりましょう」などと口をはさんでしまうことだ。そんなことをしたら、会の雰囲気はぶち壊しになってしまう。下手をすると妻も友人を失うことになりかねない。


「妻と共通の趣味を持てば、夫婦で共通の話題ができるからいい」と思う人もいるだろう。だが、一緒に行動して同じことに取り組めば共通の話題ができて、自然と夫婦の会話も弾むだろうという考え方自体が甘い。夫婦が別々に好きなことをしていても、会話のある夫婦は世の中にごまんといる。夫婦のコミュニケーションがきちんととれるような関係を築く努力をしてきたかどうかの問題なのだ。

もし、自分が本当に好きで新たに始めたい趣味がたまたま妻と同じだったら、むしろ妻が所属しているサークルや会とは別の、自分の目的に合ったところに参加したほうがいい。妻がこれまで築いてきた世界に便乗するのではなく、自分で新たな仲間と居場所を見つけるのだ。そして、「今日のレッスンでこんなことを習った」などと報告し合ったほうがよほど話は弾むし、夫婦の会話も増えるだろう。

家にいる間は夫婦が顔を突き合わせて過ごすことになるのだから、家とは別の、息抜きができる居場所や仲間をそれぞれ確保しておいたほうがいい。妻が参加している趣味の会やサークルなどは、妻にとっては夫と離れて息抜きができる貴重な居場所なのだ。夫が一緒になって参加して、妻の貴重な息抜きの場を奪ってはいけない。

仕事はお小遣いがもらえる最高の暇つぶし

私は年配の方たちに、「定年を迎えたり引退したりしても、どんな仕事でもいいから続けたほうがいい」「ボランティアでもいいから、社会との関わりを持ち続けたほうがいい」とアドバイスしている。

先に、「夫婦ともに7割以上が、夫が定年後も仕事を続けることに賛成している」という調査結果をご紹介したが、私も大賛成だ。男性は定年後も、絶対に仕事を続けたほうがいい。

定年後の生活を充実させるには、「きょういく（今日行くところ）」と「きょうよう（今日やる用事）」が必要だと言われている。毎日、出かける場所や会う人がいれば、生活にリズムや張り合いが出て、家でゴロゴロして過ごすよりも、心身の健康に良いからだ。

「毎日が日曜日」状態のリタイア生活で、自分でゼロから毎日の用事や外出予定を作り出すことはなかなか大変だが、仕事を続けることは、この「きょういく」と「きょうよう」が自動的に手に入ることを意味する。

ただし、定年後も仕事を続けるには、仕事に対する考え方を改める必要がある。2013年4月から改正高年齢者雇用安定法が施行され、希望者は定年後も年金受給開始年齢である65歳までは継続して働けることになった。だが、定年後も職場にしがみついても現役時代のような責任とやりがいのある仕事は得られないケースがほとんどだ。もちろん、給与も大幅にダウンする。シルバー人材センターに登録しても、斡旋される仕事は清掃や草刈り、駐輪場の管理など技術のいらない軽作業が中心だ。

「そんなつまらない仕事はしたくない」「おれは役職に就いていたのに、こんなに安い給料で働かされるのか」などと文句を言う人も多い。しかし、現役時代、どんなに偉い役職に就いていても、どれほど大きな仕事を任されていても、その輝かしい肩書きや経歴は定年とともに消えてなくなり、「ただの人」に戻るのだ。そんなプライドはさっさと捨ててしまおう。

定年後の仕事は、「お小遣いがもらえる最高の暇つぶし」と考えよう。現役時代のようにサービス残業をしてでもバリバリ仕事をこなす、といった働き方は必要ないし、そんな働き方をされたらかえって周囲の迷惑になる。出勤・退勤時間を守って、自分に割り当てられた仕事を坦々とこなす。必要以上の仕事はしない。給与に見合った働きをすればいいのだ。

仕事は最高の暇つぶしであると同時に、働く本人に活力を与えてくれる。仕事を通じて自分が人の役に立っている、社会とつながっていると実感できる。その実感が、生きる喜びや活力につながるのだ。

男性は暇に慣れよう

心理学者で聖心女子大学名誉教授の故・島田一男先生は、「女性は暇だと幸せを感じ、男は忙しいと幸せを感じる」とおっしゃっている。私も同感だ。女性は忙しいと気持ちに余裕がなくなって機嫌が悪くなり、何もしなくていい自由な時間ができると嬉々としている。お茶を飲みながらのんびり過ごしたり、ぶらりと街に出かけたりと、暇な時間の使い方もうまい。

反対に男性たちは、仕事に追い回されて「忙しい、忙しい」とヒーヒー言い、「休まないと死んじゃうよ」などとこぼしながらも嬉しそうにしている。

男性は忙しいと充実感を覚え、目的に向かって行動したり、目標を達成したりすることが好きなのだ。これは男という生き物が持つ特性と言ってもいい。

だが、何もしなくていいし何をしてもいい、という自由な時間を与えられると、男性は戸惑ってしまう。女性のように上手に暇をつぶせないのだ。

男性は、目的や自分の「やるべきこと」がないと生きていけない。定年を前に「のんびりしたい」と言う人は多いが、実は男性は何もせずのんびり過ごすことが大の苦手なのだ。男性にとっては特に、「暇で何もすることがない」ストレスは、「非常に忙しい」に匹敵するくらいに精神的ストレスが強い。

リストラ対象社員を閑職に異動させて退社に追い込む手段が一部でまかり通っていることを見ても、自分のやることや役目を奪われるストレスがいかに強いものかがわかるだろう。だから、定年後の恐ろしく長い自由時間をどう過ごすかが男の第二の人生の重大テーマになるのだ。

定年後の男性は、暇に慣れること、暇を楽しむことを覚えなければいけない。でないと、後半生を台無しにしてしまう。定年後の男性を襲う3大危機が、うつ病、自殺、アルコール依存症だ。

①定年後うつ病

私の更年期外来を訪れる患者さんには、定年後の男性もかなり多い。それも62〜63歳の男性が目立って多い。ちょうど定年を迎えて2〜3年が経過した年である。仕事を辞めた直後は何ともないのだが、しばらく経つと心が沈んできて、うつ状態に陥ってしまうのだ。

彼らの定年直後は、旅行に出かけたり、ゴルフなどの趣味を楽しんだりと、自由時間を満喫していた。だが、1年、2年も経てば行きたい旅行地はかなり制覇できる。さらに旅に出ようと思っても、これといって行き先が見当たらないという事態に陥る。時々ゴルフに誘われても、何となく以前のように楽しめない。心の中に物足りなさが次第に募ってくる。

それも当然だろう。旅行やゴルフは、ある意味「非日常」のイベントだ。現実の生活では、イベントを楽しみに待つ「日常の時間」のほうがはるかに長い。非日常だけでは、人生の時間は埋められないのだ。

特にやるべきことも、やりたいこともない日常の退屈な自由時間が苦痛になってくる。現役世代の男性は仕事のストレスからうつ病を発症することが多いが、定年後はストレスやプレッシャーが何もないことがストレスになる。

定年後うつ病の男性患者さんからよく聞くのが、「朝起きて『今日は何をして過ごそうか……』と考えるのが一番つらい」という声だ。何も予定がない、やることがない、生きがいが感じられないことが心の重荷になり、気分が落ち込んでうつ状態になってしまうのだ。

②自殺

定年後の男性の自殺は意外に多い。内閣府・警察庁「平成25年中における自殺の状況」（図6）によると、女性の年間自殺者数は30代～80代までいずれも1000人台であまり大きな差はないが、男性では40代の年間自殺者数が３５００人、50代が３５０８人、60代が３０６７人と、40代〜60代の中高年世代が突出している。

この統計から読み取れる自殺の動機は、40代と50代男性では「健康問題」「経済・生活問題」「勤務問題」がトップ３で、60代男性では「健康問題」「経済・生活問題」「家庭問題」が上位３位だ。

このデータだけを見ると、病気や経済事情、家庭問題などを苦にして自殺する人が多いように思えるが、実は自殺の背景にはうつ病が強く影響している可能性が高い。

なぜなら、うつ病の典型的な症状の一つに、「もう死んでしまいたい」という気持ちに襲われる「希死念慮（自殺念慮）」と呼ばれる症状があり、実際に自殺や自殺未遂をしてしまうケースも少なくないからだ。

一般的に言われる「病気を苦にしての自殺」も、持病そのものを苦にしての自殺ではなく、病気が引き金になってうつ状態になり、自殺してしまったケースが相当数あると推測される。経済・生活問題による自殺、家庭問題による自殺についても、同様のことが言える。

仕事を辞めて引退すると、自分の社会的役割を見失ってしまい、強い孤独感や喪失感に襲われがちだ。

先に私が「定年を迎えたり引退したりしても、どんな仕事でもいいから続けたほうがいい」

図6　年齢階級別、原因・動機別自殺者数

	年齢階級別									
	~19歳	20~29歳	30~39歳	40~49歳	50~59歳	60~69歳	70~79歳	80歳~	不詳	合計
●合計										
計	505	2,893	3,904	4,823	4,771	4,599	3,490	2,326	7	27,318
男	314	1,958	2,742	3,500	3,508	3,067	2,153	1,230	5	18,477
女	191	935	1,162	1,323	1,263	1,532	1,337	1,096	2	8,841
◆家庭問題										
計	81	347	585	752	667	573	555	370		3,930
男	44	228	368	507	440	351	345	194		2,477
女	37	119	217	245	227	222	210	176		1,453
◆健康問題										
計	117	969	1,660	2,018	2,090	2,699	2,432	1,694	1	13,680
男	60	506	981	1,202	1,275	1,563	1,435	886	1	7,909
女	57	463	679	816	815	1,136	997	808		5,771
◆経済・生活問題										
計	18	394	652	1,036	1,257	926	289	63	1	4,636
男	14	353	602	937	1,142	828	227	44		4,147
女	4	41	50	99	115	98	62	19	1	489
◆勤務問題										
計	21	467	538	636	493	141	21	3	3	2,323
男	19	397	478	572	450	129	19	2	3	2,069
女	2	70	60	64	43	12	2	1		254
◆男女問題										
計	50	311	280	161	71	21	14	4		912
男	31	176	161	109	49	15	9	2		552
女	19	135	119	52	22	6	5	2		360
◆学校問題										
計	159	206	10							375
男	103	158	10							271
女	56	48								104
◆その他										
計	59	199	179	220	193	239	179	192	2	1,462
男	43	140	142	173	152	181	118	102	1	1,052
女	16	59	37	47	41	58	61	90	1	410

出典：内閣府・警察庁「平成25年中における自殺の状況」

「ボランティアでもいいから、社会との関わりを持ち続けたほうがいい」とアドバイスしたのは、定年後うつ病や自殺を防ぐためにも、仕事やボランティアなどを通じて社会との関わりを持ち続けておくことが有効だからだ。

③アルコール依存症

厚生労働省の調査によると、アルコール依存症の人は予備軍を含めると全国に約109万人（男性95万人、女性14万人）と推計されているが、そのうち治療を受けている人は5％前後に過ぎない。

最近では、60歳以上の高齢者のアルコール依存症が急増しており、特に男性に増えている。定年後は何をしても自由だから、好きなお酒を日中から飲める。家にいても何もすることがなく、暇で手持ち無沙汰だから、ついつい毎日のように飲んでしまう。そんな日々が3ヶ月も続けば、もう立派なアルコール依存症だ。

独立行政法人国立病院機構・久里浜医療センターの樋口進院長によると、60歳以上のアルコール依存症の主な原因は、「自由に使える時間が増えた（72・7％）」「退職した（56・2％）」「眠れなくなった（38・1％）」が上位を占めているという（NHK　Eテレ「きょうの健康」2011年4月12日放送より）。

退職後の暇な時間と上手につき合うことができないと、アルコール依存症になってしまう危険性もあるのだ。

しかも、アルコール依存症とうつ病や不安障害などの精神疾患は、互いに合併しやすいことが知られている。気分の落ち込みや不安感、不眠などの症状をまぎらわせるために飲酒が抑うつ状態を引き起こし、二次的にうつ病を発症したりすることもある。そして、アルコール依存症もうつ病も、自殺のリスクを高める。うつ病、アルコール依存症、自殺は、このため「死のトライアングル」と呼ばれているのだ。

「やること」は自分で作る

うつ病、自殺、アルコール依存症という定年後の男性を襲う3大危機を防ぐにはどうすればいいのか。まず必要なことは、生活にリズムを持たせることだ。

退職後は毎日が自由だから、深夜まで起きていても昼まで寝ていても生活に支障はない。だが、睡眠のリズムが乱れると、不眠など睡眠障害の原因になるだけでなく、生活が自堕落になって精神的に落ち込みやすくなる。毎朝、起きる時間を決めて、その日に何も用事がなくても多少は眠くても、決まった時間に起きるようにする。

昼寝はしてもいいが、30分以上寝てしまうと中途半端に深い睡眠に入ってしまうため、目が覚めても体がだるく頭がぼんやりしてしまう。夜の睡眠にも悪影響を及ぼすので、昼寝は30分以内にとどめておくといい。

アルコールについては、「夕食の時間になるまで飲まない」「自宅で飲む時は缶ビール2本までにする」などと自分で飲酒ルールを決めるといいだろう。

何もやることがない暇な生活が男性にとってはストレスになるので、自分で何か「やること」を決めて、毎日の予定を入れよう。予定を入れたら手帳に書き込んで、スケジュールを管理するといい。散歩でもスポーツクラブでも、行く曜日や時間を決めて予定通りに行動する。

趣味についても、たとえば読書であれば「○月○日までに○○という本を読む」というところまで具体的にきちんと予定を立てて目標を決め、手帳に書き込むのだ。

どんなに小さなことでもいいから、毎日必ず何かしら「やること」を作って予定を入れるようにする。できれば1日に3つくらい予定を入れたい。予定が書き込まれた手帳を見れば、「今日もやることがある」と、少しは安心できるはずだ。

「暇だから、何かしたほうがいいと思っている」と言いながら、家でゴロゴロしている人もいるが、自分で探して見つけようとしなければ「何か」なんてどこにも落ちていない。定年後は、「これをやりなさい」とあなたに指示してくれる人はいない。自分から動かなければいけないのだ。

仕事をしたければ、アルバイトの面接に行くなり、ハローワークで求人を探したりシルバー人材センターに登録したりする。ボランティアに興味があれば、問い合わせや見学をしてみる。語学を習いたければ、教室を探して体験レッスンを受けてみる。

自分から何かしら行動を起こせば、次に「やること」も芋づる式に出てくる。「何かあればやる」「何かやりたいことが見つかったらやる」という受け身で消極的な態度では、「何か」は永遠に見つからないだろう。

どこの家にでもある、一番身近で毎日必ず発生する「やること」は家事だ。妻に家事のやり方を教えてもらい、家での毎日の仕事として家事を分担するといい。

月・水・金曜日はトイレ掃除、火・木・土曜日は食事当番、などと自分の分担を決めれば、それだけで毎日一つずつ「やること」ができる。妻の仕事を分けてもらうのだ。

ただし、家事は仕事なのだから、責任を持ってさぼらずにやることが大事だ。妻に納得してもらえるクオリティーの仕事をきっちりやらなければいけない。安心して家事を任せられるレベルに上達すれば、妻の負担も減り、とても喜ばれるだろう。

妻を対等な個人として扱う

定年を迎える前、会社では部下を持つ役職に就いていた人も多いだろう。上司の立場にあると、何でも部下に任せて、指示を出す時も知らず知らずのうちに命令口調になってしまいがちだ。そんな人が定年後に陥りやすい問題が、現役時代の感覚が抜けず、妻を部下や秘書のように扱ってしまうことだ。

「おい、あれやっておいたか？」「出かける準備をしておいてくれ」といった命令口調は、職場では問題なかったかもしれないが、言われた妻にしてみれば、「私はあなたの部下や秘書ではない！」「それくらい自分でやりなさいよ！」と頭にくる。

仕事を辞めた後も上司の意識が抜けないため、家計簿をチェックして「今月は食費がちょっと多くないか？」などと余計な口出しをしたり、妻の予定や行動に口を出したりする。

そのくせ、何でも部下や秘書にやってもらうのがあたりまえだったので、文句をつけるだけで自分は何もしない。上から目線で妻や家族に口やかましく指示・命令するばかりか、自分の命令通り動かないと、イライラして「おい、お茶はまだか？」などと怒り出したりする。

これでは妻はたまったものではない。夫が家にいるだけでストレスを感じ、夫源病を発症してしまったり、熟年離婚の危機にもつながったりしかねない。

定年前の人についても言えることだが、妻を対等な個人として扱うことが円満な夫婦関係を作る基本だ。自分では意識しないうちに命令口調になっていることもあるので、妻にはどう聞こえているのか確認してみるのもいいだろう。

定年後、妻に嫌われる夫のタイプに、「おまえも族」や「ワシも族」がいる。「おまえも族」とは、自分が出かける時に「おまえも一緒に来い」と、妻に同行を求めるタイプ。現役時代は、どこへ出かけるにも部下や秘書が同行してくれたから、定年後は代わりに妻を連れて行こうとする。要は、一人では行動できないのだ。

長年自分のペースで暮らしてきた妻にとってみれば、夫のペースでいろいろと連れ回されるので迷惑このうえない。しかも、外出先でも「切符を買ってくれ」「コーヒー頼む」などと、まるで部下や秘書のごとく命令されこき使われるので、ストレスがたまる一方だ。

「ワシも族」とは、妻の外出に「ワシも連れて行け」と同行をせがむタイプ。これも妻にとっては大迷惑だ。一緒に買い物に出かけても、自分の買い物が終わると「疲れた」「人ごみはしんどい」などと文句を言って妻の買い物を邪魔する。

妻が少しでも値段の張るものを買おうとすると、「贅沢だ」などと嫌みを言うものだから、好きなものも買えない。こんなことなら女友達と来るか、一人で買い物をしたほうがよっぽど気楽だ。

「ワシも族」の夫が妻が参加している趣味の会や友人との集まりにまで顔を出すとさらに問題だ。先に述べた通り、女性の会は男性が交じることで雰囲気が壊れてしまうこともある。夫がたびたび顔を出すことで妻が会に参加しづらくなり、友人や趣味の仲間を失ってしまうことにもなりかねない。

定年前から夫婦で一緒に外出し慣れていれば、妻も免疫ができていて夫との外出も苦にならないだろう。だが、「おまえも族」や「ワシも族」の場合は定年後に夫が急に妻を連れ回したり、付きまとったりするから迷惑なのだ。

しかも、夫は鈍感なので妻が迷惑に感じていることがわからない。自分では「いつも一緒に外出する仲良し夫婦」のつもりでいるから、ますます妻のストレスがたまるのだ。

再婚しても同じ悲劇は起こる！

ここまで読んできた読者の中には「定年後も円満な夫婦関係を維持するために、夫があれこれ努力しなければいけないのは面倒くさい」「妻とは熟年離婚して、別の女性と再婚したほうがうまくいくのではないか」などと、うんざりした気分になった人もいるだろう。

しかし、「あなた自身が考え方を改め、妻への接し方を変えない限り、別の女性と再婚しても同じ悲劇は起こる」と忠告しておきたい。

たしかに、再婚後しばらくはラブラブな新婚気分を味わえるだろう。新しいパートナーと一緒なら、自分のことをすべて理解してくれて、何もかもうまくいくように感じられるかもしれない。

だが、本書で述べてきた男と女の基本的な考え方の違いや妻が夫に対して抱く不満のポイントは、どんなカップルに関してもほぼ当てはまる。再婚後3〜4年もすれば、今と同じように夫婦間のコミュニケーションがうまくいかなくなり、二人の間に冷たい風が吹き始めて「なぜ妻は自分といるといつも不満げなのだろう」と、頭を抱えることになるはずだ。

私は、夫婦関係に悩む患者さんから離婚の相談を受けることもある。うつ状態にある患者さんが「妻とは離婚したほうがいいと思うんです」「もう夫婦関係を続けることに疲れました」などと言い出した場合は、「とりあえず治療をしてから考え直しましょう」と説得する。

うつ状態にある人は心身ともに疲れ果てていて、脳のエネルギー源であるセロトニンなどの神経伝達物質が減り、思考が短絡的になり、悲観的な考え方に支配されてしまっているからだ。仕事を辞める、離婚するなどの重大な決断はうつ状態の時には決してしてはいけない、というのが鉄則だ。数ヶ月間の治療でうつ状態が改善すると、離婚したいという気持ちも消えていくことが多い。

夫源病のように、配偶者の存在そのものが大きなストレス源となって心身にさまざまな不調をきたしている場合は、夫と妻の双方にカウンセリングを行い、ストレスへの対処法や配偶者との上手なコミュニケーションのとり方などを学んでもらいながら、夫婦関係の再構築を試みてもらう。

あらゆる解決策を試みたうえで、それでも症状が改善しなかったり、夫婦で話し合いをして「やはり離婚がベストだ」という結論に達したりした場合は、別居や離婚に至るケースもある。ただし、円満に離婚できれば、離婚後わだかまりなく会える関係になったり、一種の「通い婚」状態で仲良くやっていたりする人たちもいるので、一概に離婚が最悪の選択とは言えない。

欧米では、配偶者への愛情が感じられなくなったらきっぱりと離婚して別のパートナーとやり直す、という形で離婚・再婚をくり返す人が少なくない。

だが、私には、そうした欧米流の結婚観が必ずしもよいとは思えない。「あえて白黒をつけない」という解決策もあるはずだ。日本人には、そうしたファジーな考え方のほうが合っていると思う。

「愛情がなくなれば離婚すべきだ」と考えていたら、一生のうち何度も離婚・再婚をくり返さなくてはいけない。それでは一生をともにする人生のパートナーはなかなか得られないだろう。

言葉は悪いが、結婚は一時の気の迷い。「この人こそ理想の女性だ！」「この人がいなければ生きていけない！」といった良くも悪くも熱病のような激情に突き動かされて、後先も考えずに結婚に踏み切ってしまうものだ。

つき合っている間はお互いに自分の良い面しか見せないし、愛という名の病におかされているから、相手の何もかもが愛おしく好ましく思えてしまう。

結婚して一緒に暮らして初めて、「こんな女性じゃなかったはずなのに」と妻にがっかりすることや、お互いの価値観や考え方の違いに驚くことが次々と出てくる。

だが、そう思っているのは自分だけではない。妻もあなたの真の姿を目の当たりにして、落胆したり不平不満を感じたりしているのだ。

熱病のような愛が冷めた後、コミュニケーションを重ねながらお互いに相手を理解する努力を続けて、自分が譲歩すべき点は譲り、主張すべきことは主張して、自分たちなりに「いい夫婦関係」を築いていくことが肝心なのだ。

私が言う「いい夫婦関係」とは、「ベストで理想的な夫婦関係」という意味ではない。「今よりも少しでもましな、一緒に暮らしていてマイナスにならない関係」という意味である。前にも述べたが、夫婦といえど所詮は赤の他人なのだから、「そこそこうまくいけばいい」のであって、我慢や無理をして「仲良し夫婦」になろうとする必要はまったくない。

私は、離婚を考えている人には「相手に対して2割許せるところがあれば、結論は先送りにしなさい」と諭している。

「100％理想通りで、嫌いなところはゼロ」という相手など存在しない。家族というものは、自分の子どもであろうと親兄弟であろうと、だいたい8割くらいはうざったいものだ。それでも2割は可愛い、愛おしいと思えるところがあるからずっとつき合っていけるのだ。

夫婦にしても同じだ。相手に対して「嫌なところもたくさんあるけれど、可愛い面もあるし、まあ許せるから一緒にいられる」くらいの気持ちがあれば十分だ。

長く一緒に暮らしているうちに情もわいてくるし、お互いに気が楽な夫婦関係の落としどころもつかめるようになる。そうした情で結ばれた腐れ縁のような夫婦関係が、日本人の心性には合っている気がする。

もしも、あなたが離婚を考えている理由が、「今すぐにでも妻と別れて結婚したい大好きな人がいる」というものならば、私はあえて反対はしない。「妻が嫌いになったから別れる」という消極的離婚とは正反対の積極的離婚だからだ。定年後の約20年、第二の人生を新しい相手と歩むのもいいだろう。ただし、「今すぐにでも結婚したい」と思ってしまうのは、恋の熱病におかされている可能性が高い。再婚しても、遅かれ早かれ相手に幻滅することになるだろう。

老後を一緒に過ごす相手としては、これまで20年、30年といろいろ波風を立てながらも別れずに一緒にいてくれた古女房とどちらがより気が楽に過ごせるだろうか。離婚を考えている人には、「目先を読むな、先を読め」と忠告しておきたい。

妻を無理やり可愛いと思え

私は、定年後の夫婦関係を円満に維持していくには、ある程度のあきらめが肝心だと思っている。見合い結婚であれ恋愛結婚であれ、結婚相手は良くも悪くも運命の人だ。その人と出会って結婚したのが運の尽き。夫も妻も、相手と結婚したのは運命だと受け入れて、多少は嫌いなところがあっても目をつぶろう。

また、人は誰しも年をとるほど頑固になる。自分の思い通りに相手を変えようとしても、無駄な努力に終わることがほとんどだ。結婚後20年、30年と変わらなかった性格や言動が一朝一夕で変わるはずがない。相手を変えることはあきらめよう。

本書をここまで読んでいただいて、男と女は基本的には別の生き物であることや妻が夫に対して抱く不平不満には、彼女たちなりの考え方や理由があることもおわかりいただけたと思う。

妻と夫、どちらの考え方が正しいのか正しくないのかを争っても結論は出ない。解決法を探ろうとするから話がややこしくなるのだ。考え方の違いを理解して受け入れて、仕方がないとあきらめることも必要だろう。

夫婦を長くやっていると、お互いに不平不満が出るのは仕方がないし当然のことだ。大切なことは、お互い相手に対する嫌なところや不平不満があっても、それを無理やり我慢してストレスをため込んだり、相手のことを心底嫌になって冷たい関係に陥らないようにすることだ。

そのためには、相手に対して許せるところ、「なんだかんだ言っても可愛いな」と思えるところを増やしていかなければならない。こじつけや無理やりでもいいから、妻の可愛いところを探すのだ。

定年後うつに代表される男性リタイア世代のメンタル面の危機や、定年後に訪れる夫婦関係の問題は、仕事偏重で現役生活を送ってきた男性の生き方や考え方の歪みにも一因がある。

次の章では、定年後の男性の生き方について考えていきたい。

第五章　55歳からの「おばちゃん化」のすすめ

定年前に自分革命

第四章では、定年後の男の人生には、さまざまな危機が待ち受けていることを解説した。社会人となってから30年以上もの間、毎日8時間以上もの時間を過ごしてきた職場や、収入だけでなく生きがいや社会的役割を与えてくれた仕事を定年によって失うことは、とりわけ男性の人生に大きな転換をもたらす。

現役時代のままの考え方や生き方を続けていては、夫婦関係にひびが入ったり、有り余る自由時間を持て余して、何もすることがないストレスからうつ病や自殺、アルコール依存症といった病気や問題につながってしまうこともあるのだ。

定年退職後の現実の生活は、決して「のんびり天国」ではない。何も備えをせずに悠々自適な老後をぼんやりと夢見ていたら、いざリタイア生活に入ってから大変なことになるのだ。

そうならないように、定年や引退を意識し出したら、できるだけ早く意識改革に取り組んでほしい。この意識改革を本気でやるかどうかで、第二の人生の充実度がまったく変わってくるはずだ。

私は『57歳からの意識革命』（双葉新書）という本で「定年後の生活に備えて、男性は57歳くらいから意識改革を始めてほしい」と提言した。

しかし、現実問題として、定年の3年前から意識改革を始めたのでは、間に合わないかもしれない。

これまでの意識や価値観を変えて、多くの男性にとっては初めての経験と思われる、「毎日が日曜日」状態がずっと続く生活にうまく適応していくには、事前に考えておくべきことや、やるべきこと、習得しておいたほうがいいスキルがたくさんあるからだ。できれば5年くらいは時間的な余裕が欲しいところだ。

そこで本書では、55歳からの自分革命を提唱したい。サラリーマンであれば、50代半ばにもなると、そろそろ会社での自分のゴールが見えてくるはずだ。今の職場で少しでも上のポストを目指して最後の最後までがんばりきるのも一つの生き方だが、会社は社員の面倒を一生みてくれるわけではない。仕事だけで突っ走って完全燃焼してしまったら、定年を迎えた翌日から、自分は何をすればいいのか途方に暮れてしまうことになる。

定年に備えた自分革命の第一歩として、まず実行していただきたいのは、「50代半ばを過ぎたら、今の仕事はほどほどにセーブして、浮いた時間で退職後の準備を始めること」だ。

こうアドバイスすると、真面目な人たちから「仕事を手抜きするなんてとんでもない！　そんなことはできない」と怒りの反論が返ってきそうだ。しかし、老兵ががむしゃらに働くことが会社や職場の迷惑になる可能性も考えたほうがいいだろう。

職種によっても違うだろうが、私は、勤め人としての平均的な賞味期限は55歳くらいではないかと思っている。

常に最新の技術や情報にキャッチアップして新しいものを生み出さなければいけないIT関連の仕事や、過去の事例にとらわれない自由で柔軟な発想が求められる仕事、体力が必要な仕事などは、もっと賞味期限が早いかもしれない。

あなたも若い頃、年配の社員が自分の過去の成功体験を得意げに話したり、もう通用しないような古いやり方を押しつけてきたりして辟易とさせられた経験が一つや二つはあるだろう。自分が50代になった今、そうした年配社員と同じことを自分でも気づかないうちに「後輩のために」と思ってやっている可能性は大いにある。

誰も反発や不満を表に出さないかもしれないが、それは当然だ。若い人は年配者には逆らえないから、ただ黙って聞き流すだけだ。あなた自身も、きっとそうしていたはずだ。

〝老害〟にならないためには、若い社員たちのやることに余計な口出しをしないことと、さして意味もないサービス残業に励んで定時に帰りづらい雰囲気を職場に作り出さないことが大切だ。

年配者の役目は、若い人たちがのびのびと能力を発揮できるような環境を整えることと、もし部下たちが何か問題を起こしたら責任を持って対処することだ。そう心得て、自分の仕事はほどほどにセーブして、定時になったらさっさと帰ろう。定年が近い社員がペースダウンすることは会社も望んでいることだ。現在、ほとんどの企業では、ある程度の年齢を超えると給与は頭打ちになるだろう。

それが、年配の社員に対する企業の評価なのだ。だから、割り切って自分の待遇に応じた働きをすればいい。若い時に懸命に働いて、すでに会社には十分に恩返しはしているはずだから、負い目を感じる必要はまったくない。

自営業や自由業など定年のない仕事に就いている人も、50代半ばを過ぎたら意識改革が必要だ。

私は50歳から65歳くらいの、体調をくずした自営業の男性をたくさん診察してきた。自営業の人は定年がないせいか、同年代の勤め人の人たちよりも一般的に元気でパワフルだ。しかし、自分ではいつまでも若いつもりでいても、60歳前後になると誰でも体力が落ちてきて、若い頃のように無理がきかなくなる。

心身の不調を訴えて来院される自営業の中高年男性に多いパターンは、自分の気力・体力を超えた働き過ぎによる過労やストレスが原因のケースと、そろそろ引退しようと後継者に事業を任せたり、お店や会社を畳んでしまったりした後で、生きがいを見失って「定年後うつ」のような状態になるケースだ。

だから私は、自営業や自由業の人も、年をとったら仕事をペースダウンして、細々とでもいいから、できるだけ長く仕事を続けられるようにしていくのがベストだと考えている。

最近は「ワーク・ライフ・バランス」という考え方が注目されている。これまでの働き方を見直して、仕事と、家庭や趣味・地域活動などの私生活をうまく調和させていこうという考え方だ。男性の場合は特に、50代の半ばを一つの区切りとして、これまでの仕事中心の生き方を見直して、仕事以外の生活を充実させていく方法を考える必要があると思う。

おばちゃんはなぜ元気なのか

私は、定年後の男性にとって幸せな生き方は、二つの道があると考えている。

第1の生き方は、「男子たるもの、仕事中に倒れて天に召されるのが本望だ」と思い定めて、できるだけ仕事を続けて、妻に対しては「亭主元気で留守がいい」という状態を死ぬまで維持することだ。

なんだかんだ言っても男は仕事が好きな生き物だ、と私は思っている。男は死ぬまで働く、仕事をしながら亡くなるというのが一番幸せな人生であり、目標達成に向けて行動することに喜びを感じる男の生理にもかなった生き方だろうと思う。

2013年10月に94歳で亡くなられた漫画家のやなせたかしさんも、体調不良で一時は引退を考えた時期もあったというが、東日本大震災の被災地の子どもたちを少しでも元気づけるために「アンパンマン」を描き続けることを決意し、入院中も仕事を続けて生涯現役を貫き通された。

彼のような仕事の仕方と生き方は、私の理想である。おそらく男性読者の多くも、同じように考えているのではないだろうか。しかし、死ぬまで働くのが男の理想とはいえ、高齢になっても仕事を得られるのか、その仕事を続けられるのかは努力だけではいかんともしがたい面もある。

これまで続けてきた仕事だけにこだわらず、ボランティアや趣味の活動なども含めて自分が夢中になれることや情熱を注げることを見つけておくことが必要だろう。

第2の生き方は、この章のタイトルにも掲げた通り、「おばちゃん化」することだ。中高年の男性にとって、おばちゃんたちの考え方や行動パターンには、引退後の生活を楽しく充実させるヒントがたくさん隠されている。彼女たちを見習って、おばちゃん的な感覚を取り入れて生きていけば、男性たちも引退後、元気に気楽に生きていけるのではないか、と私は考えている。

男性は引退すると、生きる目的を見失ってガックリ老け込んでしまう人が多いが、女性は専業主婦も仕事をしていた人も関係なく、中高年になってもパワフルさを増していく一方のように見える。60代〜70代のおばちゃんは、同年代の男性よりも圧倒的に元気だ。

なぜ、おばちゃんは元気なのか。それは、女性には家事や、家族や周囲の人のお世話をするという役割があり、これらは一生の仕事で定年とは無縁だからだ。家事や人の世話をするのは大変なことではあるが、生きている限り毎日やることがあり、自分が必要とされていて人の役に立っていると常に実感できるのは生きる喜びや張り合いにつながる。

また、おばちゃんは一般的に、男性たちに比べてストレスの発散が上手だ。不平不満やイライラがたまったら、友達に愚痴や不満を聞いてもらってスッキリしたり、甘いものを食べたり、自分へのご褒美にちょっとしたものを買ったりとあまりお金をかけずに手軽にストレスを解消できる方法をたくさん持っている。

普段の生活の中で自分が楽しめることや気分をリフレッシュする方法を見つけるのがうまい。

だから、ストレスを一人でむやみに抱え込むことなく、平凡で退屈な毎日であっても自分なりに楽しく生きていけるのだ。

ほとんどの男性は子どもの頃から何十年も「戦闘モード」で生きてきたわけだが、仕事という戦う場を失ってしまう引退後は、戦闘モードのまま生きていくのはつらい。

引退後は「おばちゃんモード」に切り替えて、暇や無駄な時間を楽しむ余裕を持てるようになれば、生きていくのがグンと楽になるはずだ。定年後の男がおばちゃん化すれば、夫婦間のいざこざも起こりにくくなるだろう。妻の考え方や感覚を夫が理解し、同調することができるようになるからだ。これも、私が定年後の男性たちにおばちゃん化をお勧めする大きな理由の一つだ。

夫婦が男と女としてお互いにぶつかり合うのではなく、〝おばちゃん二人〟として行動すれば、現役時代とは違った夫婦関係を築くことができ、老後を楽しく平和に暮らしていけるかもしれない。

私自身の老後の理想像は、第1の「死ぬまで働く」と、第2の「おばちゃん化する」生き方のいいとこ取りだ。自分に定年を設けずにできる限り細く長く仕事を続けながら、おばちゃん的な社交性と暇や無駄な時間を楽しむ余裕を身につけることができたら、老後も楽しく充実した生活を送れるのではないか、と考えている。

妻がいなくても何でもできるようにする

引退後にどんな生き方を目指すにしても、すべての男性が定年を迎えるまでに身につけておかなくてはいけないスキルがある。それは、妻がいなくても自分の身のまわりのことはすべて自分でできるようになっておくことだ。

もし明日奥さんがいなくなったら、あなたは今日までと同じように生活していけるだろうか？　家の掃除や洗濯、そして毎日の食事の支度と後片づけを自分一人で全部できるだろうか。どこの銀行に口座があるのか、預金通帳や印鑑、不動産の契約書や保険証書などの重要書類が家のどこに保管されているのか、知っているだろうか。自分の身のまわりのことができない、家の中のことをよく把握できていないならば、すぐに妻に弟子入りして、家事を教わるべきだ。

若い世代の夫婦では、共働きで家事も分担している家庭が多いため、夫もひと通りの家事は何とかこなせる人が大半だ。

しかし、50歳以上の中高年世代では、夫が仕事で稼ぎ、妻が家を守るという性別役割分業制が主流だった。夫婦がともに元気な時は、お互いに役割を分担していても問題はないかもしれないが、どちらかが病気になったり、家を出て行ってしまったりした場合は、いきなり生活が立ち行かなくなってしまう。

家庭のリスク対策として、もし妻が倒れた場合は夫が一人でも最低限の家事ができる、もし夫が倒れた場合は妻が働いて家計を支えることができるように、お互いの役割を補完できることが重要だ。

私は、夫婦の自立には、経済的な自立と、家事ができるという自立の二面があると考えている。夫は仕事、妻は家庭という組み合わせは一見、お互いが助け合い支え合っているように見えるが、家計や生活の問題で自分のできないことを相手に任せて、もたれ合っているだけだ。夫は家事ができないと、妻が弱った時に面倒をみることもできないし、一人になれば生きていけないことになる。妻も、パートなどどんな形でもよいので働きに出ているだけで、夫への依存度は変わるだろう。

夫婦双方が二つの面できちんと自立できていないと、大切なパートナーにもしものことが起きた場合、相手を助けてあげることができないのだ。

また、妻に先立たれた男性は一般に短命だ。反対に、夫に先立たれても妻の寿命にはほとんど影響を及ぼさないという。中には夫を亡くしたほうが長生きできるというデータもある。

これにはさまざまな理由が考えられるが、私は**「男は最低限の家事ができないから」**というのが答えの一つではないかと思っている。

特に自分で料理ができないと、人はたちまち衰えていく。栄養面の問題だけではなく、食事をろくにとらずにお酒で悲しみや苛立ちを紛らわすうちに、アルコール依存症になる人も多い。自分の身のまわりのことが一人でできないと精神的にも落ち込んで、生きていくことがどうでもよくなってしまい、生きる気力を失ってしまう。

これらの要因が男性の寿命を縮める傾向は、統計こそないが、確実にあると私は思う。一人で自活できる能力を身につけておかないと、もし妻に先立たれたら、言葉通りの意味で夫は生きていけなくなってしまうのだ。

家事の中でも、洗濯は乾燥機付きの洗濯機に放り込めば何とかなるし、掃除はロボット掃除機に任せることもできる。しかし、料理だけは自分である程度できないと、どうしようもない。料理は「食」に直結しており、命に関わる問題だからだ。

まずは料理ができるようになろう

そこで私は中高年男性を対象に「Ｄｒ．石蔵の『男の家庭科維新塾』」というアプリを制作し、料理教室を各地で開催している。ここで教えるレシピは私が考案して、アプリで公開しているので、興味のある人は是非見てほしい。このレシピをまとめた『60歳からの超入門書　男のええ加減料理』（講談社）という料理本は意外にもかなり売れている。

私が提唱する「男の料理」は、料理初心者の男性でも手早く簡単に自分一人分の食事を用意でき、調味料を細かく計量しなくても味つけの失敗がなく、後片づけも楽な「ええ加減料理」だ。男が料理をすると、珍しいものを作って家族を驚かせようという狙いもあって、食材や道具にこだわり、手間ひまをかけて凝った料理を作りがちだ。

しかし、本人は料理を作るだけで精一杯で片づけがおろそかになり、ようやく料理ができあがった時は流しは鍋やらフライパンやらで一杯になってしまう。

それでも夫が自分で最後の後片づけまで責任を持ってきっちりやるならまだましだが、食べ終わると面倒になって「料理は俺が作ったんだから、洗い物は君がやっておいて」と妻に片づけを押しつけてしまう。

結局、妻の仕事が増えるだけで迷惑このうえない。「男の料理」が家族に迷惑がられる大きな理由は、単なる本人の自己満足に過ぎず、家事として自己完結できていないからだ。

また、料理で一番失敗しやすいのが味つけだ。特に男性は、とりあえずやり始めてから考える傾向があり、多くの種類の調味料を使う料理には向いていない。砂糖を入れたら甘くなり過ぎたので塩や醤油を足す、塩辛くなってしまったから水を加える、などと行き当たりばったりでやっているうちにわけのわからない味になってしまう、というのがありがちな失敗パターンだ。

こうした従来の「男の料理」の反省点から、私の「ええ加減料理」で使う調理器具は、土鍋一つだけだ。土鍋は100円ショップでも手に入るし、鍋料理だけでなく煮物や蒸し物、炊飯などさまざまな調理ができ、そのまま食卓に出せば食器にもなる極めて便利な道具だ。

土鍋を火にかけている間に包丁やまな板などを洗ってしまえば、後片づけもグンと楽になる。そして、調味料は原則1種類しか使わない。うどんつゆやすき焼きのたれ、中華スープの素、シチューやカレーのルーなど、しっかり味の決まった便利な調味料がいろいろと市販されているので、これらを活用すれば味つけに迷わずに済む。

こんな「ええ加減料理」でも、パエリアや鯛めし、豚の角煮や煮魚、肉じゃが、アサリの酒蒸し、ロールキャベツなど、けっこうなレパートリーの料理が作れる。

一つメニューを覚えれば応用がきくこともウリだ。たとえば餃子鍋では餃子の皮も手作りするが、基本ルールに従って特別な道具は使わない。餃子の皮の材料となる薄力粉と強力粉をこねたり、餃子の具を混ぜたりする時も、ボウルの代わりに土鍋を使う。餃子の皮の生地をしばらく寝かせたら、麺棒の代わりにマグカップで薄く延ばして中に具を入れて包み、土鍋に入れて煮込むだけだ。

マグカップを使うアイデアは、自分で料理をしている時に思いついた。カップの持ち手を握って側面を生地に押しつけて延ばすと、実に具合がいいのだ。

この餃子の皮の作り方をマスターすれば、粉の配合や生地を寝かせる時間を変えるだけで手打ちうどんが作れるし、かんすいを加えればラーメンだって作れる。

イラチ（短気）な私が自宅であれこれ試した料理から生まれたレシピなので、手早くできて実用的、男が料理する時失敗しがちなポイントを避けつつも、好奇心や創造力を刺激していろんな料理に挑戦したくなるよう工夫している。

おかげさまでこの料理教室はなかなか好評だ。料理のできない夫を心配した妻が申し込みをして、不承不承ながら参加した受講者も一度料理の楽しみを覚えると家庭でも率先して料理を作るようになるらしく、受講者の中には「嫁さんの作る料理よりもおいしい」などと妻が聞くと怒り出しそうな感想を述べる人もいる。

私はこの料理教室を全国に普及させていきたいと考えている。私が直接教えるだけでは手が回らないので、この教室がきっかけで料理好きになった男性たちにボランティアで料理教室のインストラクターになってもらう形で活動を広げている。

「日本人は変わるのが下手」と言われるが、どんなことであれ、「断固として変わりたくない」という反対派はせいぜい全体の1〜2割で、4〜5割は「どちらでもいい」「みんなと同じでいい」という日和見《ひよりみ》派の人たちだ。

だから、新しい考え方や習慣に変えた人が多数派になれば、みんなが一気に追随してあっという間に変わってしまう性質がある。クールビズなどがその好例だ。料理も同じように、「夫は料理くらいできるのがあたりまえ」という考え方が早く日本人の新しい常識になることを期待している。

料理ができれば、妻の支配下に置かれずに済む

夫が料理ができると、メリットがたくさんある。まず、自分のお腹がすいた時に自分が食べたいものを食べたい量だけ好みの味で作ることができる。外食は自分好みの店にわざわざ出かけるのは面倒だし、出前や持ち帰り総菜は種類が限られていてそのうち飽きてしまう。せっかく妻が食事を作ってくれたとしても、量が多過ぎた時は罪悪感があって残せないし自分が食べたいものをすぐに作ってくれるとは限らない。

また、男性は女性よりもエネルギー消費量や発汗量が多いため、濃い味つけのこってりした料理を好む人が多いが、一般に女性は薄口が好きだ。

そのうえ、夫の健康を思って塩分や糖分・脂肪を控えたヘルシー料理を作って出されると、

夫にとっては物足りないが、食卓で醬油や塩をかけて自分の舌に合うように味を調節すると妻から怒られることになる。

食事は本来、その時に体が欲している食べ物を食べるのが体にも心にも一番の栄養になるが、料理を他人任せにしていては他人の都合や思惑に従わざるを得ない。

自分で料理が作れれば、お腹がすいた時に自分の腹具合に合った食事が作れるので、ダイエットや健康管理もできる。料理はいい気分転換やストレス解消になるので、自立している自分に自信が持てるようになり、定年後うつの予防にも一役買う。

夫が料理をすることは、夫婦関係の改善にも大いに役立つ。夫が引退した後の妻にとって毎日わずらわしく思うことは、夫の昼食をどうするかという問題だ。夫が自分で自分の昼食を作るようになれば、妻は夫の昼食の心配をせずに済むようになり夫を置いて気兼ねなく外出もできる。夫の昼食を毎日用意するのをつらく感じてしまう「昼食うつ」の予防にもなる。

夫も自分で料理をするようになると、買い物の面倒さや洗い物の大変さ、体調の悪い日でも料理をしなければいけないつらさなどがわかり、妻に対する理解や感謝の気持ちが深まるだろう。夫が料理を作れば、妻の心理的・肉体的な負担が減り、自由に行動できる時間も増えるのでお互いに機嫌良く老後を過ごせるはずだ。

さらに、私が料理を含めて自分で身のまわりのことができるよう夫たちに自立を勧めているのには、重要な理由がある。夫が料理をするのは、妻にへこへこしてご機嫌をとるためではない。家庭内において、妻に主導権を握られないようにするためなのだ。

かいがいしく夫の身のまわりの世話をしてくれる妻が、実はとうの昔から夫に心底愛想が尽きていて、「子どもの手が離れたら（あるいは夫が定年を迎えたら）、こちらから離婚を切り出してやるわ」と、10年20年計画でひそかに熟年離婚を企てていた、というケースは少なからずある。

そんな妻たちにとっては、夫の世話をすることは復讐の一環なのだ。食事の支度から掃除、洗濯、日用品の買い出しまで夫に家事を一切させないでいると、夫は家のことが何もできない人になってしまう。そうやって妻なしでは生きていけないように夫を骨抜きにしておいたうえで、自分から離婚を切り出して夫を絶望の淵に叩き落とす、というのが彼女たちの復讐シナリオなのだ。

どんな人間関係も同じだが、夫婦といえどもお互いの力関係によって主従が決まってしまう面がある。現役時代は、妻に家事を押しつけっぱなしでも、夫は「俺が仕事をして稼いできているんだ」と偉そうにしていることができた。

しかし、夫の退職・引退で事態は変わってしまう。夫は稼ぎがなくなり家庭内でいばっていられなくなる。一方、年金生活に入れば妻にも多少の年金が入ってくるようになるため、経済的な自立度に関しては夫婦の差は縮小する。

となると、家事ができるかどうかも含めた自立度で考えると夫のほうが妻よりもはるかに自立度が低くなってしまうのだ。身のまわりのことができない夫は妻に依存し、その結果、妻をつけ上がらせることになる。いくら亭主関白を気取ろうとも、妻がいなければ食事もできないような状態では、妻は「この人は結局、私がいなければ何もできない」と夫を見下すようになる。

しかし、もし夫が家事を何でもこなせるようになり、自分の服は自分で洗濯し、食事もサッサと自分で用意し、まめに掃除をするようになったらどうだろう。

妻は「この人、もしかしたら私がいなくても生きていけるのではないかしら?」と危機感を抱くはずだ。「私を捨てて自立されては大変」と、少しは優しく接してくれるかもしれない。

料理や家事ができるようになることは、妻と対等な関係を維持し、妻の支配下に置かれるのを防ぐためにも、定年後の夫が身につけなければいけない必須のスキルと肝に銘じてほしい。

「育G」のすすめ

第三章でも述べた通り、私は夫が妻の育児を手伝うという意味での「イクメン」には、基本的に反対だ。働き盛りで仕事のストレスも多い20～30代の新米パパが無理をしてイクメンになろうとするのは、下手をするとストレス過多でうつの原因になるのではないか、と危惧《きぐ》しているからだ。

だが、祖父が孫の育児に参加する「育G（イクジー）」には大賛成だ。むしろ祖父は、祖母よりも育児サポートの適役だと思っている。

ちなみに「育G」の「G」は、「じいさん」の略ではない。「グランド・ジェネレーション（最上級の世代）」の頭文字だ。じいさんが家族から孫の世話を押しつけられてしぶしぶやるのではなく、格好いいシニア世代が自発的に孫育てに参加する、というポジティブな意味が込められている。おしゃれに、楽しみながら孫の世話をするのだ。

実は私も「育G」の一人だ。研修医をしている長女に幼い娘がいて、日中は保育所に預けているが、研修医の仕事が5時に終わるはずがない。そのため、娘の代わりに私たち夫婦が孫を保育所まで迎えに行き、託児所よろしく娘の仕事が終わるまで預かっているのだ。私も出張などが入っていない限り、ほぼ毎日孫を保育所まで送り迎えして娘が帰ってくるまでの間子守りをしている。

私の場合、娘夫婦が近所に住んでいるため娘から頼られる形で育児を始めたが、やってみると「祖父と孫」の組み合わせは案外いい。ほとんどの祖父にとって本格的な育児は初めての体験なので、新鮮でおもしろい。

また、一般的に祖母よりも体力があるので子どものいい遊び相手になれる。祖母の場合、自分の体験に基づいた育児のやり方や子育て方針を娘（もしくは嫁）に押しつけてしまい、祖母と女同士の対立を生むことも起こりうるが、祖父の場合はそんな心配もない。

私たち夫婦も娘も、学生結婚をして20代で子どもをもうけたため私は50代半ばで祖父になった。おじいちゃんとしては、かなり若い部類に入るだろう。

そこで少し欲張って、孫といる時は、周囲の人から「おじいちゃんと孫」ではなく、「高齢出産をした奥さんか、若い奥さんがいるパパ」に見えるように、おしゃれにも気を配っている。孫の遊び道具にタブレットPCを使うなど、IT機器を活用した「スマート育G」というスタイルもおもしろいのではないか、とあれこれ模索中だ。

「育G」のメリットはたくさんある。第一に、子ども夫婦の子育ての負担を軽減できることだ。男性も女性も、30代はバリバリ仕事をやる時期だ。キャリアを築くうえで重要な時だし、仕事がおもしろくなってくる頃でもある。

しかし同時に、出産から子どもが小学校へ入学するまでの、子育てがもっとも大変な時期とも重なる。特に女性は、仕事を断念するか、結婚や子どもを断念するかの選択を迫られやすい。一方、引退した親は時間に余裕がある。一日中、孫の面倒をみるのは無理かもしれないが、手伝い程度なら十分できる。

祖父母が子育てに加わることで、母親は仕事をあきらめずに済み、仕事と子育ての両立というストレスやプレッシャーからも少しは解放される。母親にとっては、夫の実家よりも自分の実家の両親のほうが、気分的に頼りやすいだろう。もちろん、父親の負担も軽くなる。孫にとっても、いろいろな人に育てられることで社交性が養われると思う。

また、孫の面倒をみるのは楽しいだけでなく、夫婦で孫の世話をすることで新たなコミュニケーションも生まれる。つまり、孫を介して新たな夫婦関係をつくることができるのだ。私は30年前には気づかなかった子育ての大変さを実感し、妻に改めて感謝する良い機会を与えられた。妻だけが孫の育児を手伝っていたのでは、そんな機会は得られない。孫が生まれたら、是非積極的に子育てに関わってほしい。

孫がいない場合や、孫が遠方に住んでいて世話ができない場合は地域の子どもたちの面倒をみるのも一つの手だ。最近は物騒なので子どもの登下校時、信号のない交差点など危ない場所に立って子どもたちを見守る通学路の見守りボランティアは子どものいる人にとってありがたいだろう。学童保育の活動などに参加することで地域とのつながりができ、交友関係が広がって充実した日々を過ごせるきっかけになるかもしれない。

孤独に耐えられる趣味を持つ

読者の皆さんは、リタイア後の有り余る自由時間に何をするか、老後の楽しみとして、どんなことをしたいと思い描いているだろうか？

「読む時間がなくて書棚に放置していた本や、文学の名作を読破したい」「見逃してしまった映画をDVDでじっくり鑑賞したい」「外国語をマスターしたい」「好きなゴルフを思う存分楽しみたい」など、今は忙しくてできないけれど、退職して暇になったらやりたいことの一つや二つは、誰しも心に温めていることだろう。

だが、退職後、現役時代に思い描いていた老後の楽しみを実行に移してみると、想像していたほど楽しくなかったり、途中で飽きてしまったりすることが多いようだ。

第四章で、私は定年退職後2〜3年でうつ状態になって受診する男性が多い、と指摘した。彼らはリタイア後しばらくは旅行や読書、映画鑑賞、ゴルフなど、暇になったらやりたいと思っていたことに挑戦するのだが、次第につまらなくなってしまう。そして、何もやる気になれずに家に引きこもり、一日中リビングでゴロゴロしながらぼんやりテレビを眺めるだけ、といった魂の抜け殻のような生活に陥るのだ。

なぜ、途中で飽きてしまうのか。おそらく、自分にとっての「旬」を逃してしまったのだ。本や映画などは、それを読みたい、観たいと思った時がその作品を自分がもっとも必要としている時であり、それにふれた時にもっとも感動や喜びを得られる「旬」だったのだ。

年をとってから実際に体験してみると、今の自分の感覚とずれていて感情移入できなかったり、若い頃に期待していたほどおもしろく感じられなかったりする。

ゴルフや麻雀が趣味という男性は多いが、これらは現役時代、忙しい仕事の合間をぬってやったからこそ楽しく感じられたのかもしれない。

リタイア後の趣味として考えると、ゴルフや麻雀はメンツが揃わないとできないのも難点だ。退職後しばらくは昔の職場仲間などと誘い合ってゴルフ場に出かける機会がたびたびあったとしても、次第にみんな飽きてきてお誘いも途絶えがちになる。

一人で打ちっぱなしに通って黙々と練習したり、一人でゴルフ場に出かけてティーチングプロと一緒にラウンドしてまで上達したい、というほどの熱意と真剣さで取り組むゴルフ好きはどれくらいいるだろうか。

麻雀に関しては、お金を賭けない・アルコールを飲まない・タバコを吸わない「健康麻雀」が高齢者向けの趣味として広がってきているので、楽しむ場や仲間を見つけるのはゴルフほど難しくないかもしれない。

だが、いくら麻雀が好きでも週に1、2回も行けば十分満足だろう。麻雀を趣味の一つにするとしても、それ以外にいくつか老後の楽しみを持たないと退職後の自由時間はとても埋め尽くせないのだ。囲碁や将棋などについても、同様のことが言える。

このように考えていくと、定年退職後の膨大な自由時間を楽しく有意義に過ごせるような、自分に合った老後の楽しみを確保するのは意外と難しいことがわかる。楽しみは退職後にとっておく、暇になったらやりたいことを探す、という考えでは手遅れなのだ。

定年を迎える前、50代のうちに、自分は何をして老後を過ごすのか、ある程度目星をつけておかなくてはいけない。

時間ができたら挑戦してみたいと思っていたこと、忙しくて中途半端に終わってしまった趣味などをリストアップして、まずはやってみることが大切だ。やってみておもしろかったら、その趣味を定年後も続ければいいのだ。

一人で遊ぶ

私は3年ほど前から新しい趣味に次々と挑戦している。自分の老後対策のためと、暇を持て余してうつ状態になり、「やりたいことが何もない」と悩む男性患者さんたちにアドバイスできるネタを探すためだ。自分で実際に体験してみなければ、他人に「これをやってみると楽しいですよ」と勧めることができない。

男性の定年後の趣味の条件としては、男のオタク心や探究心を満足させるようなこと、日常的に楽しめて長く続けられること、そして仲間がいなくても一人で遊べることが重要だろう。

私は、少年時代からの長年の憧れだった鉄道模型を始めた。建物などのパーツをコツコツ集めてジオラマを作っていくのも楽しいし、列車が走っている様子を眺めているだけで癒される。場所ふさぎで家族に迷惑がられるのと、鉄道模型専門ショップに行くたびに欲しいアイテムが増えて出費がかさむのが難点だが、子どもの頃に果たせなかった夢を年をとって時間とお小遣いに余裕ができてから実行するのも悪くない。

ちなみに私が今一番ハマっていて読者の皆さんにもお勧めしたい趣味が、家庭菜園だ。園芸もいいが、食べられる野菜や果物を作るのも収穫の喜びがあり、作物を自分で料理して食べる楽しみもある。

庭が狭い家やマンション住まいでベランダしかない場合も、プランターを利用すれば色々なことができる。わが家の場合、妻の眼科クリニックを兼ねた4階建ての庭のない自宅だが、屋上とベランダなどを合わせるとそこその〝農地〟になる。毎年少しずつ農地と作物を増やしていき、現在はキュウリやトウモロコシ、トマト、ジャガイモ、スイカなど年間約20種類の作物を栽培している。

昨年は、屋上にブドウ棚を自作した。ホームセンターで支柱になるものを探して、あれこれ工夫しながら見よう見まねでブドウ棚を作っていく過程も楽しく、「まだ苗を植えたばかりだが3年後くらいに収穫できるといいな」、と収穫を心待ちにしている。

自宅に家庭菜園を作るメリットは、土づくりから水やり、作物の育ち具合のチェックなど、年間を通して毎日何かしらの畑仕事がある点だ。定年後の暇つぶしにはもってこいだろう。作物のできがよければもちろん嬉しいが、うまくいかなかった場合もどこが悪かったのかを振り返り、次のシーズンに向けての改善策を考えるおもしろさがある。実用的で知的な肉体労働であり、先の楽しみがあり、長く続けるほどおもしろくなっていく奥深さがあるところがいい。

近いうちに、釣りにも挑戦するつもりだ。私はまだ釣りを体験したことはないが、一人でできる遊びなので、家庭菜園と同様、釣りは男の老後の趣味として最適だと思っている。

私の老後の目標は、外来診療をペースダウンしながらも細々と続けて、「半医半農プラス週1回の釣り」の生活を送ることだ。もちろん、釣った魚は自分で料理して食卓に上げるつもりだ。仕事は生きがいとして続けながら、趣味や遊びを楽しむゆとりもある楽しいセミリタイア生活を送れるのではないかと想像している。

読者の皆さんも、現役のうちから是非老後の楽しみを始めてほしい。「仕事をリタイアしたら、この趣味にもっと時間を割こう」と思えるような趣味に出合えれば、退職後どんなふうに毎日を送るかの具体的なイメージがわき、安心して定年を迎えることができるはずだ。

おばちゃんの暇のつぶし方を参考にする

おばちゃんはたいてい、カルチャー教室や習い事が好きだ。フラダンスを始めたかと思うと、次は詩吟に手を出したりと何の脈絡もなくいろいろな習い事に挑戦する。

本人はその習い事に特別な関心や思い入れがあるわけでもなく、「友達が教室に通っているから」「ちょっとおもしろそうだと思ったから」といったごく軽い理由で手当たり次第に習い事を始める。時にはバレエやベリーダンスなど、男性から見ると「その年でやるのは恥ずかしくないのか？」とギョッとするような習い事に手を出すこともある。

彼女たちの行動を、くだらないと馬鹿にしてはいけない。暇な時間を退屈せずに過ごし、平凡な毎日に小さな楽しみと彩りを添えるには、実に賢いやり方だと思う。退職後の男性たちは、彼女たちのやり方に注目してみてほしい。

男性は一般に、自分の中での意味づけや理由づけができないと新しいことに挑戦したがらない傾向がある。だが、もっと気楽に構えてもいいのではないか。「ちょっと楽しそうだ」「おもしろそうだ」というだけでも新しいことを始める理由としては十分だ。上達を目指して真面目にコツコツと取り組むのもいいが、退屈しのぎや暇つぶしになるだけでも十分意味があるので、「下手の横好き」で何も問題はない。単なる趣味なのだから、好きなことを自分の好きなようにやればいいのだ。

患者さんたちをカウンセリングしていて感じるのは、男性たちは「〜ねばならない」「〜すべきだ」という義務的で硬直化した考え方からもっと自由になったほうがいい、ということだ。

男性患者さんからしばしば発せられるのが、「やはり健康のためには毎日運動をしたほうがいいですか？」「タバコはやめたほうがいいですか？」といった質問だ。医師の私が「運動すべきです」「タバコはやめなくてはいけません」と答えれば、自分の気持ちがどうであれその意見に素直に従うつもりなのだ。

こうした問いに対して、いつも私は「自分にとって『気が楽かどうか』『楽しいかどうか』

を基準に考えてください」とアドバイスしている。たとえ体にいいことであろうと、自分にとって気が重い、楽しくない、やりたくないと感じることはわざわざやらなくてもいい。反対に、たとえ世間で体に悪いと言われていることであっても、自分が好きでやめたくなければ無理にやめる必要はまったくない。

「毎日1万歩以上歩かねば」などと決めてしまうと、それができなかった時に後ろめたさを感じたり自分を責めてしまったりする。自分が楽しい、おもしろいと感じられないことを義務感で嫌々ながら続けるストレスや、大好きなことを我慢しなければいけないストレスによるデメリットのほうが、体にいいことをして得られるメリットよりもはるかに大きいだろう。

趣味選びや人間関係などに関しても同じことがいえる。気が重い、疲れる、リラックスできないようなことはやらない、好きなことや楽しいと思えることは他人の評価や人の目を気にせずにやる、というように自分の感覚や気持ちをもっと大切にしていただきたい。

その点、おばちゃんたちは自分の感覚や気持ちにとても忠実だ。悪く言えばわがままだが、やりたいことはやるし、やりたくなければやらない。何かを始めても、途中でつまらなくなったり飽きてしまったりするとサッサとやめる。男性も、おばちゃんたちのわがままさを見習えばもっと気楽に、軽やかに生きていけるだろう。

井戸端会議ができるようになれば一人前

もう一つ、おばちゃんたちに学びたいのは、友達づくりのうまさだ。バス停で偶然居合わせた初対面同士でも、バスを待っている間に会話が弾んでバスを降りる頃にはすっかり仲良くなっていたりする。反対に、男性たちは見ているこちらがもどかしくなるほどシャイで、他人とコミュニケーションをとるのが下手だ。

私の料理教室では、いつも調理が始まるまでシーンとしている。参加者の男性たちは実習中も私語を交わすこともなく黙々と料理をして、終わったらサッサと帰る。毎回のように参加している常連さん同士が顔を合わせても、特に会話はない。

それに対して、女性が参加する会は恐ろしくにぎやかだ。開始まで会場中でガヤガヤとおしゃべりの声が聞こえ、会が終わってからも参加者たちが居残って世間話に花を咲かせているため、「もう会場を閉めるので外に出てください」とアナウンスしなければいけないこともある。

男性の多くは、おばちゃんたちのおしゃべりを「黙って講習を受けて、終わったらサッサと帰ればいいのに、無駄なことをしているものだ」と感じる。だが、**この無駄が意外と大事なのだ。**

男性は、無駄を楽しめない。目的を達成すると、それ以外のことはどうでもよくなる。目的達成の邪魔になると考えて、無駄を排除しようとする。効率最優先で現役生活を送ってきて、それが染みついているから当然だろう。だが、引退後には、気が遠くなるほど長い時間がある。無駄な時間を楽しむことができないと、とてもつらいことになる。

その点、女性は一見無駄に思える時間の使い方が実に上手だ。寄り道を楽しめるし、他人とのコミュニケーションのとり方がうまい。初対面の人であろうと年齢が離れていようと、誰とでも楽しく話をすることができる。

彼女たちのおしゃべりは、単なる無駄話ではない。地元で腕のいいマッサージ店、安くておいしいランチを出す店、世間で話題になっていることや流行のものなど、さまざまな話題が飛び交っている。

会話の中で新しい情報を得て、自分の興味の幅を広げ、話題のお店に出かけたり別のサークルに参加したりしてどんどん行動範囲や人間関係の輪を広げていっているのだ。一方、男性は講習会などに参加しても、予定のコースを終了したらまっすぐ帰宅する。他人と無駄な会話をしないし、予定外の寄り道もしない。だから世界が広がりにくいのかもしれない。

先に私は「仲間がいなくても一人で遊べる趣味を持つといい」とアドバイスしたが、一人遊びの趣味の問題点は、他人と接する機会が少なくなりがちなことだ。引退後の生活では、他人との接触をできるだけ絶やさないことが大切だ。一人でいるとどうしても孤独や不安にさいなまれ、うつっぽくなってしまうからだ。難しいかもしれないが、一人でも楽しめる趣味を持ちつつ適度に仲間とも交流する。これがベストだ。現に、おばちゃんたちは自然とこれができているのだから恐れ入る。

また、引退後は現役時代の仕事関係の知人とはどんどん疎遠になっていくと覚悟しておいたほうがいい。プライベートでも友人と呼べるほどの親密なつき合いを重ねてきた人は別だが、仕事だけでつながっていた人とは、仕事を離れれば頻繁に連絡を取り合ったり時間を割いて会ったりする必要性は薄れてしまう。

定年直後は同期の仲間で集まる機会もたびたびあるだろうが、そのうちに回数が減っていき、せいぜい年に1、2回になってしまう。何もしなければ引退後は交友関係が狭まる一方なので、積極的に外へ出て他人と接する機会をできるだけ多く持ち、人間関係の輪を広げる努力を続けることが必要だ。

一般に日本人男性は、自分が話したい事柄や人に話すべき用件があれば他人といくらでも話ができるが、知らない人に気軽に声をかけたり、相手の反応を見てお互いの共通項を探りながら話題を次々と広げていったりするような会話は苦手な人が多い。

実際、パーティーなどの席上でも、名刺交換をした後、お互い少し話をしてその後の会話が続かずに気まずい雰囲気になっている男性同士の姿をしばしば見かける。定年後は仕事の話題という大きなネタがなくなるから、ますます大変だ。

他人と接することが苦手な人は、おばちゃんたちの井戸端会議に耳を傾け、その会話術を参考にするといいだろう。

彼女たちは自分勝手に好きなことをしゃべっているように見えて、実はそうではない。「今日も暑いわね」「どちらからいらしたの？」といった軽い挨拶から始まり、相手の返答から次の話題へとつなげていき、お互い相手が気持ち良く話せるように話を聞きながらうまいタイミングで相槌や質問を挟んだりしている。ただ無駄話を楽しんでいるように見えるが、かなり高度なコミュニケーション技術をごく自然に駆使しているのだ。

おばちゃんたちの会話術から学ぶことは多い。おばちゃんたちの井戸端会議に違和感なく交ぜてもらえて、無駄話を楽しめるようになったら一人前だ。

ご近所づき合いからスタートしてみる

引退後の暮らしで大事なことは、①家に閉じこもらないこと、②生活にリズムを持たせること、③近所との関わりを大切にすること、の3つだ。

あなたは近所に親しい人が何人いるだろうか？　いわゆる「向こう三軒両隣」のお宅の名字

や家族構成をご存知だろうか？　職場と自宅の往復だけの現役生活を送っていると、こうした面がほとんど「白紙」になっている人が少なくない。

現役時代の人間関係は、「職縁（社縁）」をきっかけとした仕事仲間が中心だが、定年とともに仕事つながりの人たちとの関係は急速に薄れていく。退職後は自宅が生活基盤となるので、職縁よりも近所や地域の縁、いわゆる「地縁」を大事にしていかないとなかなか人間関係は広がらない。近所や地域との関わりを大切にする中で、家に閉じこもらない生活、規則正しい生活を実現できるようにしていくといいだろう。

近所づき合いの達人と言えば、やはりおばちゃんたちだ。夫たちが仕事や職場のつき合いに精を出してきた間、妻たちは日常的に近所づき合いを続けてきた。共働き夫婦の場合でも、夫は近所づき合いを面倒くさがって妻任せにしてきた家庭が大半だろう。

ご近所さんに関する情報も、近所づき合いのノウハウや経験値も、妻のほうが圧倒的に上だ。近所づき合いを始めるには、妻に水先案内人になってもらうのがベストだろう。

とはいえ、近所づき合いは大変だ。一朝一夕に親しい関係を築けるわけではない。自分が仕事の人間関係を築くまでどんなに大変だったか思い出してみるといい。引退して暇になってから突然、近所の人たちに「親しくしましょう。今日からよろしく」と言っても、誰も相手にしてくれないだろう。

ご近所さんたちに受け入れてもらい、地域に溶け込むには時間がかかる。定年後に近所づき合いを始めたのでは遅すぎる。50代のうちから、仕事の合間を見てマンションの自治会や町内会の活動、地域行事などに参加したり、地元の人たちが集う喫茶店や飲み屋に顔を出したりして、少しずつ地元になじんでいく努力を始めるべきだ。


ご近所デビューにあたって特に注意したいのは、仕事の話はしないことと、会社の肩書きを持ち込まないことだ。近所づき合いはプライベートのつき合いだから、あなたがどこの会社に勤めていてどんな仕事をしていようと、高い役職や収入を得ていたとしても、近所の人々にとっては関係ないのだから。

ご近所さんたちにとっては、あなたは仲間の輪に新たに加わった新参者であり、「○○さん家のご主人」に過ぎない。引退後の人づき合いで大切なことは、現役時代に身についてしまった競争意識やプライドを捨てることだ。「自分はこんな有名企業でこんなに高いポストにいたのだ」といったことは、ここではどうでもいいことだし、その逆の劣等感も何の意味もない。

地域のグループや趣味のサークルなどでもっとも嫌われる男性のタイプが、現役時代の勤務先の規模やそこでの職階を気にする人だ。

自分のことを自慢したり、他人を見下したりする人は論外だが、そういうことを態度には出さなくても、腹のうちに秘めているような人も結局は同じことだ。男性の多いグループではおうおうにしてこの手のタイプの人たちが偉そうにふるまって場の雰囲気を壊したり、グループ内で主導権争いをくり広げたりしてしまう。

だが、女性が多いグループだと昔の仕事の自慢話ばかりしているような男性は「あの人はいつも自分の話ばかりでつまらない」「偉そうにしていて感じが悪い」などと嫌われて、自然と排除されていく傾向にあるようだ。だから、勇気を持って女性が多いグループに参加したほうが、男同士のいざこざに巻き込まれずに済むかもしれない。

モテメン(モテじい)になる

定年前の自分革命の目的を、妻と折り合いをつけてうまく暮らしていくため、定年後の男の危機から身を守るため、と考えるだけではつまらない。もっと楽しくて張り合いがあり、自分のモチベーションが上がるような目的を設定しよう。

たとえば、「女性にモテる」というキーワードはどうだろう。老いも若きも関係なく、男性は「○○をすれば女性にモテる」という言葉に弱い。女性にモテるためなら、男性はどんなことでも情熱を注ぎ、努力することができる。「女性に好感を抱いてもらえるモテメン（モテじい）になる」ことを、自分革命の目標に掲げてみよう。

ただ、50代後半になって今さら女性とどうこうなろうとまでは考えなくてもいいだろう。せめて女性から「感じのいい人だな」「素敵なおじさんだな」と思ってもらえるようになる、あわよくば直接そう言ってもらえるような努力をしよう、という提言だ。妻以外の女性の目を意識することによって自分を磨くことができる。

女性に好感を抱いてもらうには、さまざまな要素が必要だ。まず重要なのは、清潔感と身だしなみだ。若々しさ（これは実年齢には関係ない）、メタボとは無縁のスリムな体型、明るく親しみやすい性格、ユーモア、相手に対する思いやり、そしてできれば年齢相応の教養も身につけておきたいところだ。これらの要素を身につける努力を通じて、実は女性からモテるだけでなく、生きがいや自信、人生に対する前向きな姿勢、健康などがおのずと手に入るのだ。

女性、特に若い女性から好感を抱いてもらい、親しくつき合ってもらえるようになると、新しい情報や若い人の考え方などにふれることができ、多くの刺激や発見を得ることができる。それらを得ることによって、なお若々しくいることができる。

引退しても、女性と接する機会はいくらでもある。図書館の受付嬢や喫茶店のウエイトレスさん、スポーツクラブの女性インストラクター、趣味のサークルの女性メンバーなど、日常生活で顔を合わせる女性たちから好感を持ってもらい、楽しく会話ができるよう努力してみよう。

モテメン（モテじい）に近づく方法として、もっとも手っ取り早く実践できて効果も高いのが、身だしなみを整えることだ。若い人は男女ともに外見の重要性をよく理解しているが、中高年の男性には「男は見た目よりも中身だ」という考え方がまだまだ強い。「もう年だから、今さらおしゃれをしても仕方がない」とあきらめている人も少なくない。しかし、私はそうは思わない。年をとればとるほど、外見は大切だ。誰でも年をとればシワやシミなどが出てきて、外見は劣化していく。

そのうえ、まるで部屋着のようなジャージ姿といっただらしない格好で外を歩いていてはますますじじ臭く見えてしまうだろう。年をとればとるほど、老けた印象を与えないためにあえて明るい色の服を着たほうがいい。

若い人が着ると派手で嫌みな印象を与えかねない服も、おじさんが着ると意外にすんなり似合うこともあるので、是非恐れずイメージチェンジに挑戦してほしい。

私も、昔は黒や紺色、グレーなどの地味で無難な服を愛用していたが、外見の重要さに気づいてからは意識して明るい色や若々しいデザインの服を選ぶようにしている。若者向けの服は、どのアイテムも全体的にタイトな作りになっている。おじさん向けのパンツにありがちな、腰周りにゆとりを持たせるためのタックも入っていない。私は、この細身の服がすんなり着られるスリムな体型を維持することを、自分自身の課題にしているのだ。

ゆとりのあるサイズの服を選んだり、体型の変化に合わせて服を買い替えたりするのではなく、ジャストフィットの服に常に体を合わせるように努めていれば、少し太ると服がきつくなるので、すぐにわかる。手遅れになる前にダイエットができるので、最小の努力で体型をキープできるというわけだ。

私の場合、服を買う時は必ず夫婦でお店に足を運んで妻に選んでもらうことにしている。店員さんの意見も参考にしながら、いろいろと試着してみて「この年にしてはちょっと派手かな？」「少し冒険ぎみかな？」と思うような色やデザインの服を選ぶように心がけている。

「モテ」を意識して服を選ぶのだから、女性の意見を参考にすることも大切だ。女性店員は男性店員とは違い、似合わない服は正直に「似合わない」と言ってくれるし、おかしなものを無理に押し付けたりしない人が多いので、服選びやコーディネートの相談相手として心強い。

そんなふうにして、以前は赤い革のジャケットを買い、昨年の夏には「クロップドパンツ」と呼ばれるアイテムにも初めて挑戦した。ふくらはぎが隠れる程度の、半端丈のズボンである。初めて試着した時は「おっさんが脚を出すなんて、みっともないかな？」と少し躊躇したが、女性店員の「大丈夫。似合ってますよ」という言葉に励まされて購入した。

着てみると、これがすこぶる快適なのだ。足首から少し上までが露出しているだけで、ずいぶん涼しく感じられる。こんな発見があるから、ファッションは楽しい。

外見やファッションを整えるだけで、周囲の女性たちの反応もガラリと変わる。女性たちは、他人が身に着けているものや髪形などを実によく観察していて、変化に目ざとい。男性たちの鈍感さとは対照的だ。「そのマフラー、いい色ですね」「いつも若々しい服着ていますね！　似合ってますよ」などと、褒めてくれるのだ。たとえ社交辞令だとしても、女性から褒められるとやはり嬉しい。

そして、着る服を替えるだけで、自分自身の気分も若返り、テンションが上がって明るく前向きな気持ちになれる。

うつ病の女性患者さんたちは、気力が衰えてファッションやメイクがおざなりになり、着る服も暗い色味のものを選びがちになるが、うつ状態から回復するにつれて、化粧にも力が入るし、明るい色の服を着るようになるので、その人の精神状態がすぐにわかる。男性も同様だ。

逆に言えば、いつも明るい色の服を着ることは、気持ちを明るく前向きに保つセラピー効果があるということだ。普段着にも手を抜かず、毎日が「勝負服」のつもりで着るものを選ぶと、気持ちに張りが出るだろう。

ちなみに、料理上手の男というのも女性にとってはかなり好感度が高い「モテ」要素の一つだ。料理や家事、ファッションに親しんでいると、女性と共通の話題が増えて会話のネタにも困らない。

この章で提案した意識改革の多くは、実は「モテ」につながる道でもあるのだ。実際に女性と恋愛関係にまで発展するかは本人次第だろうが、少なくとも女性たちの世界にすんなりとなじむことができ、人気者になれることだけは保証しよう。

外見も内面もガラリと自己変革を遂げたあなたを見て、もしかしたら妻も「この人って、改めて見ると意外と素敵かも」と惚れ直してくれるかもしれないし、浮気を心配して優しく接してくれるようになるかもしれない。そう妄想するだけでも、ちょっとは愉快な気分になれるのではないだろうか。

より長期的な視点から考えると、50代のうちに意識改革をして女性たちの世界に溶け込めるようになっておくと、将来の「長生きリスク」に備えることができる。男性は、一般的に女性よりも寿命が短い。男性は長生きするほど同性で同世代の友人が減っていき、周りは女性ばかりになる。不幸にして、妻に先立たれてしまう人もいるだろう。そんな状況になったとしても、誰でも仲良く楽しくやっていけるおばあちゃん的感性と社交術が身についていれば、晩年の孤独からずいぶん救われるはずだ。

「妻はなぜ、夫のやることなすことが気に食わないのか」「どうもこのままではまずい」と、今気づくことができた夫の皆さんは幸運だ。本書で私が提案した「エイリアン妻と平和に共生するための15の戦略」や、定年前の意識改革に向けたアドバイスを参考に、自分らしく心穏やかに生きていくための方法を、是非とも見つけてほしい。

おわりに

仕事ではクライアントを納得させ、危機管理に長けていても家庭のこととなると全く無策になるのはなぜだろう。対策を立てて、実行に移さないと妻との関係はますます悪化し、家庭がさらに居心地の悪い場所になってしまうのは目に見ている。

夫婦の危機は結婚5年目くらいから始まる。それは性ホルモンが次第に少なくなって、現実に戻る時期でもある。そのあたりから対策を考えていかないと、長い夫婦生活を乗り切ることは困難である。熟年夫婦の域に達した夫婦でも油断してはいけない。気づいた時から行動し始めてほしい。

この本は家庭内に何らかの問題を抱えつつも、少しでもそれを改善したいという男性に向けた指南書である。この本を読んだ男性は、妻に好き放題にされるのではないかと心配するかもしれない。自分の身のまわりのことは自分でして、妻を褒めちぎることに何の意味があるのか疑問に思えるかもしれない。

しかし、家事や孫の面倒を見るなど一通り夫ができるようになることで、妻に「この人、私がいなくてもやっていけるのではないか？」という危機感を持たせることが大切なのだ。男女間は平穏よりも多少危機感があるほうがお互いを大事にするだろう。

家庭はある意味戦場だ。自分が少しでも優位に立ち、相手（妻）にとって自分（夫）がなくてはならない存在になることがこの本の目的で、ぜひ〝男性の威厳〟を取り戻し、緊張感があって居心地の良い家庭を築いていこうではありませんか。

最後に、この本の編集にご協力いただいた城川佳子さん、杉山悠さんに深謝いたします。

2014年9月

石蔵文信

著者略歴

石蔵文信
いしくらふみのぶ

一九五五年大阪府生まれ。
大阪樟蔭女子大学学芸学部健康栄養学科解剖生理学室教授。
循環器科専門医。
三重大学医学部卒業後、国立循環器病研究センター、
大阪警察病院などを経て米国メイヨークリニックに留学。
二〇〇一年より「男性更年期外来」を開設。
わかりやすくユニークな解説が話題となり、
テレビ、講演会、執筆など活動は多岐にわたる。
著書は『妻の病気の9割は夫がつくる』(マキノ出版)、
『パンツの中の健康』(双葉社)など多数。

幻冬舎新書 354

なぜ妻は、夫のやることなすこと気に食わないのか

エイリアン妻と共生するための15の戦略

二〇一四年九月三十日 第一刷発行
二〇一八年八月三十一日 第七刷発行

著者 石蔵文信
発行人 見城 徹
編集人 志儀保博

発行所 株式会社 幻冬舎
〒一五一-〇〇五一 東京都渋谷区千駄ヶ谷四-九-七
電話 〇三-五四一一-六二一一(編集)
〇三-五四一一-六二二二(営業)
振替 〇〇一二〇-八-七六七六四三

ブックデザイン 鈴木成一デザイン室
印刷・製本所 中央精版印刷株式会社

GENTOSHA

ISBN978-4-344-98355-7 C0295
い-23-1

幻冬舎ホームページアドレス http://www.gentosha.co.jp/
*この本に関するご意見・ご感想をメールでお寄せいただく場合は、comment@gentosha.co.jpまで。

幻冬舎新書

藤井雅子
人はなぜ怒るのか

ぞんざいに扱われたり、周囲の評価が自分が思うより低い時などに人は怒る。その感情の裏には失望や寂しさ、不安などの別の感情が潜んでいる。怒りの仕組み、抑え方、適切な表現方法を指南！

山川健一
太宰治の女たち

生身の女に全身でぶつかり、それを小説に描き、太宰治は39歳で死んだ――。太宰治の作品と人生、そこに介在し小説のモデルにもなった女たちを紹介しながら、男女の機微をも読み解く画期的な一冊！

丘山万里子
ブッダはなぜ女嫌いになったのか

ブッダの悟りは息子を「邪魔者」と名付け、妻子を捨て去ることから始まった。徹底した女性への警戒心、嫌悪感はどこからきたのか。実母、義母、妻との関わりから見えてくる、知られざる姿。

植島啓司
官能教育
私たちは愛とセックスをいかに教えられてきたか

日本人はなぜこれほど不倫に厳しくなったのか？　時代によって愛の価値観はいかに変化してきたのか？　世界の結婚制度、不倫の歴史を概観しながら男女の豊かな関係を探る画期的な書。